人生如果是一個（　）你想填入什麼？

彭明輝——著

序

用心學習，安心長大，快樂做自己

本書是為高中生和大學生寫的，針對他們選組、選系與選擇職場跑道時的不確定感與焦慮，以及課業、生涯與自我發展的衝突與矛盾，談生涯發展的關鍵事實與原則。本書用許多故事介紹最新的職場發展趨勢，希望藉此讓他們看到激烈競爭中的多元選擇；本書也提出因應這些變局所需要的生涯發展觀念和原則，協助他們在各種不確定中避免潛在的陷阱，找到可以安心發展的方向。

很多人會在職涯發展、外在成就與自我實現之間感到衝突與矛盾，因此本書深入而淺出的探討三者間拿捏與取捨的智慧，並且試圖釐清這些抉擇背後的人生觀與價值觀。

我希望這本書能陪伴高中生和大學生走過青春期的焦慮與困惑，找到自己在職涯與人生道路上的發展方向。因為它是從人生較長程的發展角度來談問題，因此職場新鮮人也有可能會感興趣。

大孩子的焦慮與困惑

想要寫這本書，是因為家扶基金會在二〇一二年底發表的《大孩子健康權調查報告》。在這份針對高中生所作的調查裡，發現近一週內曾有自殺念頭的孩子超過百分之十五；更令人訝異的是：基測PR值九十七以上的大孩子自殺念頭比率最高。衛生署的統計則顯示：二〇〇八年迄今已有一百九十四名高中生自殺，其中不乏明星高中的學生。

PR值九十七已經可以考上北北基前三志願了，這群現行教育制度的「優勝者」應該是對人生充滿著希望與期待，為什麼反而壓力大到變成是厭世比例最高的一群？

因為有些人國中三年都在班上前三名，進入明星高中後卻一直是班上最後一名，因而對自己感到惶恐或灰心；有些人則是擔心未來學測失常，會毀掉一輩子。而大學生則普遍瀰漫著一種焦慮：第一個工作決定一生，因此必須萬無一失的搞定第一個工作；但是如果沒有亮麗的學歷和成績單，連面試的機會都不會有。此外，面對高中選組，學測後選系，以及碩士班選組的問題，很多人又擔心「做錯一個決定，白費十年功夫」。

上面這些憂慮疊加在一起後，形成很可怕的氛圍：你必須看清楚自己三十歲以前的方向，從起跑點上開始領先，一路上加速前進並沿途卡位，絕對不能在過程中犯任何錯而被擠到人生失敗組——人生是一場單淘汰賽，而不是雙淘汰，敗部永遠沒有重返勝部的機會。

事實呢？卻剛好跟上述流行的想法相反：大學沒有窄門，即使你沒考上台大也可以到台大選課並拿到成績單，而職場的門比大學的校門更寬，所有能力都有發揮的機會，管它是跟IQ有關或者跟EQ有關！而且，學測要考好幾科，職場只需要一技之長就可以了。

為什麼時下流行的觀念和訊息都跟職場的事實嚴重相反？其實，這些壓力往往是來自媒體、補習班和雜誌以偏概全的消息和扭曲的觀念，為的是用恫嚇和譁眾取寵來增加銷路。

用心學習，安心長大，快樂做自己

本書分成三大部分：為了引導讀者走出偏激、狹隘的生涯發展觀念和以訛傳訛的盲點，第一部用一些深入淺出的故事介紹新的生涯觀念，希望他們可以能用較寬廣的視野和胸襟去思考生涯發展，並且看見該迴避的各種陷阱；第二部介紹職場最新的發展趨勢，以及在學習目標與生涯發展觀念上該有的調整；第三部討論如何建立自信，以及在生涯發展與自我成長間保持適切的平衡。

希望本書的出版可以讓大孩子們和他們的師長看清楚：職場的道路遠比校園寬闊，而且人生不會有白費的功夫，也沒有走不通的絕路。希望他們可以因本書而緩解焦慮，找到自己的未來方向和機會。

「用心學習，安心長大，快樂做自己。」這是我對讀者們的祝福和勉勵，也希望每個人都有機會活出自己。

目次

Part 1

第一部

生涯發展的陷阱與智慧

面對生涯發展的不確定性，很多人渴望「選對跑道，省掉十年冤枉路」，但是這種念頭已經嚴重落伍了。在產業瞬息萬變的時代裡，每個人都被迫要隨時調整方向，只有「摸著石頭過河」才是務實的態度；當明星產業隨時可能變成夕陽產業時，你能倚靠的不是「選對行業壓對寶」，而是持續累積出來的多元能力。而且，人生是一道複選題，你必須要兼顧職場、親情、健康與自我實現。如果過分急功近利，反而可能會飛蛾撲火而不自覺。

社會上流傳的生涯發展觀念往往太偏激、狹隘，而且充滿以訛傳訛的盲點。這一部將檢討時下流行的生涯發展觀念，希望讀者能用較寬廣的視野和胸襟去思考生涯發展的方向與原則，並且看見該迴避的各種陷阱。

這一部所談的原則，以升學與就業為焦點，但也旁及更寬廣的人生問題。

1

棋錯一著，白走十年冤枉路？

★ 失敗一次不等於永遠失敗，別把兩者混為一談。

——**費茲傑羅（Francis S. Fitzgerald，1896-1940）**

★ 失敗的結果正是我要的。對我來說，它們跟正面的結果同樣珍貴。在我找到最好的答案之前，我必須先試過其他的所有選項。

——**愛迪生（Thomas A. Edison，1847-1931）**

人常常會為了兩難的抉擇被困擾得難以入眠。譬如會考結束後志願序要怎麼填？免試入學分發後要不要參加特色招生？為何那麼焦慮？因為這個抉擇攸關一生的幸福，如果不小心，「棋錯一著，滿盤皆輸」。

事情真有那麼嚴重嗎？圍棋史上棋錯一著而陷入困境的案例確實不少，後來反敗為勝的佳話也很多，要說「棋錯一著，滿盤皆輸」是太誇張了。就人生的真相而言，一時的失誤也不可能就此左右人的一生。

一時的失常，奪不去長期累積的實力

就以十二年國教為例吧，假如某甲本來有考上建國中學的實力，卻因不小心而被分發到松山高中，那會怎樣？有人說，他的人生會從此由彩色變成黑白。如果某乙本來只有進入松山高中的實力，卻因為運氣好而被分發到建國中學，那會怎樣？也有人說，他的人生從此會由黑白變成彩色。真的嗎？你仔細往下想想。

根據統計，松山高中的應屆畢業生中，大約有百分之三十的人會考上台大等五大名校。你猜，某甲是會考上五大名校的那百分之三十，還是考不上的那百分之七十？而建國中學的應屆畢業生，大約有百分之六十會考上五大名校。你猜，某乙是會考上五大名校的那百分之六十，還是考不上的那百分之四十？

如果三年後某甲考上五大名校，而某乙沒考上，一點都不讓人意外，是吧？

很多人被統計數字騙了，誤以為某甲念建中以後，考上五大名校的機率是念松山的兩倍。其實，決定某甲會不會考上五大名校的，是他的實力，而不是他高中念哪所學校。一時的失常或抉擇錯誤，也許會讓某甲和某乙互換學校制服，但不會改變他們真正的實力和人生。

不過，還是有人說：「棋錯一著，白走十年冤枉路。」就圍棋而言，這倒是真的，如果沒有走錯棋，就不會陷入困境，終局時還可以多贏好幾子。就人生而言，聽起來好像是對的，其實不然。

人生沒有白走的冤枉路

我有個高中同學，他的運氣非常差。爸媽為了讓他在當兵前多一次重考機會，拜託國小校長讓他年齡不足一個月就提前就學。國小時他成績優異，考初中時高分上了第一志願；考高中時卻不幸失常，差兩分而被分發到第二志願。重考的那一年，他心裡非常痛苦，經常聽英文流行歌曲排解苦悶，從此愛上英文歌，台灣買得到的唱片，他幾乎都聽過無數遍，隨便點歌都可以一字不差唱出口，甚至連唱腔都酷似本尊，英文也因而突飛猛進。

可惜的是，從此以後霉運找上他，高一讀了兩次，大學考兩次，連機車駕照都考兩次。連續的背運讓他深刻感受到人生無常：考試成績往往表現不出他的實力，而人們卻只看表面的成敗，從不去看一個人的內涵。他覺得這樣的世界很虛幻，從高一開始就經常讀王尚義和存在主義的小說，思索人生問題。

他是學校的游泳校隊，有一次我問他拿到全縣捷泳金牌的感想，他說：「很虛無。槍聲還沒響就已經知道以自己的實力穩拿第一，卻還要拚命游過四百公尺，去證明選手們都早已知道的事實。這有什麼意義？難道就只為了取悅那些在游泳池邊的無聊群眾，向他們證明我的實力？」

高二的英文老師曾經誇獎他：他的英文實力是全校第一，思想的深度也是全校第一，因此鼓勵他去考英文系，希望他以後可以在英美文學研究大放異彩。然而他的思想已經關不住，課外書念得遠比課本多，思考人生問題的時間遠比念書的時間多，以致大學考兩次都沒考上國立大學的英文系，只能含恨去念私校的日文系。但是，大三那年他讀到山岡莊八的《德川家康》這本小說體的傳記，從中獲得很深刻的啟發，也找到奮起的力量。

德川家康的身世遠比他艱苦，童年就夾在母系與父系兩極化的政治立場之間而矛盾，從被挾持為人質的那天開始就受盡屈辱，卻從不曾氣餒、躁動或灰心喪志，反而以無比的堅毅與沉著，最後統一日本，結束了戰國。

最讓他感動的是，德川家康對人生無常的體認遠比他深刻，但內在的力量卻又遠比他深厚。從此他擺脫過去晦澀的思想，每天抄寫一百遍德川的名言來激勵自己，譬如：

人生有如負重致遠，不可急躁。

該前進時就前進，該後退時就後退，戰爭本來就是經常有進有退的。

樹枯葉落，但是仍有很多樹木等待另一個春天的來臨。

除了忍耐之外，再也沒有其他更好的防護方法了。

貫徹意志，絕不屈服於敵人。

人的力量能否推動命運？去推無法動的，是徒勞無功；不去推那可以動的，就是怠慢！

虎是山野中的野獸，不向雲間的龍挑戰，直等到龍下到地面，老虎才會撲上去。

振作起來以後，他嚴肅的面對現實：父母的收入只夠支出而難有積蓄，沒有背景與學歷的他只能靠自己。他決定效法德川，不畏卑屈的沉潛學習，培養自己未來的實力。他到商學院旁聽管理學，又到貿易行打工、實習，終於有一個老闆看上他兼長英日語，又可靠、勤奮、上進，叫他退伍後立即去上班。

這家貿易行從日本進口機械產業用的高級零件，為了說服客戶，他自己去找機械系的相關書籍研讀，有機會就向公司的前輩請領教益，很快就掌握到這個行業的訣竅。

數年後，他累積了足夠的經驗和積蓄，決定自己籌資開業。老闆知道留不住人，為了肯定他的才幹、人品和對公司的貢獻，特地投資了一筆；而他也很講義氣，避免跟老東家競爭生意，決定到美國去開發市場，行銷台灣的機械零組件。

到了人生地不熟的美國，前幾年的業務非常坎坷，差點經營不下去。勉強站穩腳步後，他偶遇一個美國汽車維修廠的零組件大盤商，這位在美國出生的日本人也喜歡披頭四的歌曲和德川家康，兩人相談甚歡而往來漸多。後來這個大盤商欣賞他對人生的深刻見解和一些待人處事的堅持，相信他是可靠的生意夥伴，開始託他物色台灣適用的汽車零組件。

就這樣，我這朋友出口生意越做越大，在新竹有一座非常大的倉庫，一家人就住在台北豪宅區滿是綠蔭水色的高樓層。

畢業三十年的同學會裡，他人在美國而無法出席，大家聊到後來就談起他的際遇。一位在大學英文系任教的同學說：「可惜他當年不肯專心讀書，否則說不定今天我這個位子就是他的。」另一位同學不以為然的頂他一句：「想想你那鴿子籠大的公寓，我寧可像他那樣去住台北的豪宅。」還有人插話：「假如當年他去念商學院，說不定今天成就會更高。」馬上又有人頂嘴：「你不就是管理學院的洋碩士，今天還不是在領死薪水？」

我沒說半句話，只在心裡暗想：他們只看得到表面上的皮毛，而看不到事情的全貌。假如他當年一帆風順，就不會有那麼深刻的人生見解，也不會在日文系認識德川家康，更不會因而和美國的大盤商結緣；假如他當年好好讀書，今天大家羨慕的事情通通不會發生。

錯一著棋，真的會滿盤皆輸，或者多走十年冤枉路嗎？我從他的故事所體認到的，是「走錯一步棋，人生徹底改觀，但卻開展出同等精彩的棋局」。本因坊和名人賽之所以讓人如此著迷，就是因為開始的棋局大同小異，中間幾子的差異卻可以讓棋局從此改觀，最後驚奇連連，而一再開創迴異於既往的精彩結局。

人生也一樣，精彩的棋局千變萬化，不只一種；走錯一步棋只不過開展出不同的棋局，同等精彩，哪有什麼「滿盤皆輸」或「多走十年冤枉路」？

就說我這位倒楣的朋友吧，他的人生有哪一年浪費？高中重考那年愛上英文歌曲，才會在高中時就說得一口流利而道地的英語；重讀高一那年，愛上王尚義和存在主義小說，才會發展出後來深刻的人生見解；高中讀書不順遂，卻想了很多人生問題，才會在後來讀《德川家康》這本小說時有深刻的體悟，也從中獲得許多商場上的經營理念和要訣。

只看表面的人，會誤以為他總是在重複：高中考兩次、高一念兩次，大學又考兩次；其實，認真看他的心路歷程，他的人生沒有任何一年是白費、重複的。

人生就是這樣，重要的不是你表面上在做什麼，而是你實質上有沒有在累積自己的心得和實力；不同的道路會累積出不同的心得和能力，開展出不同的人生棋局。但只要夠用心，不同的棋局可以有相同的精彩程度，根本沒有非依循不可的棋譜。

直線不必然是最好的路徑

我這位朋友的人生確實太迂迴，常常被他爸爸罵浪費時間。但是，走直線真的最不浪費時間嗎？我的一位親戚有很不同的看法。他每次南下回老家，都捨棄國道而走省道、縣道與鄉道，因為景觀比較多變化，還可以沿途品嚐各地美食，順便拜訪一、兩位多年不見的老友。

我問他：「哇！這樣南下一趟要多久？」「不一定，至少七、八個小時；如果跟朋友聊久一點，有時候要十來個小時。」「可是如果走國道，順利的話只要三、四個小時，你這不是在浪費時間？」「我一路都在看風景、吃美食、看朋友，你說我哪一段路程是在浪費時間？」我想想，也對。

他反過來問我：「你在國道上的三、四個小時都做什麼？」「國道上哪能做什麼？頂多聽聽交通實況報導。」「你那三、四個小時豈不都浪費掉了？」

很多人不惜犧牲一切為三十歲之前的第一桶金拚命，因而錯過了前面三十個年頭的各種樂趣，甚至延誤了婚姻。等到老了，發現自己賺的錢遠超過三代花得掉的，才發現賺太多沒意義，卻已經無法挽回被空負的青春。

急功近利的人生，真的比較可取嗎？

2

人生是複選題，不是單選題

★ 小心！忙碌的人生孕育不出（有價值的）東西。

——蘇格拉底（Socrates，西元前469-399）

我有一個很要好的國中同學，爸爸是台大畢業的外科名醫，媽媽是新竹名門的美女，陪嫁品是近新竹市中心一棟洗石子的花園洋房，樓下是診所和病房，樓上是住家。據我爸媽說，那場婚禮轟動新竹，很多人擠在路邊爭睹排得很長很長的妝奩，木盛盒裡的金銀飾品看得大家目瞪口呆，聽說都是日本進口和台北訂做的最新款式，連新竹的銀樓師傅都嘖嘖讚歎。

他的爸爸比現在的父母都更早信仰「先發優勢」和「贏在起跑點」。所以他從小學開始上微遠英專（補習班）學英文，國一時已經在念英文小說和英詩，英文造詣不輸國文。國中畢業後，他爸爸直接送他去美國當小留學生，登機前一天我還依依不捨的到他家話別了整整一上午。

我大學畢業那年，他回來探望乳癌手術的媽媽，順便跟我見面。他去美國後一路跳級，早已從哈佛大學拿到學士和碩士文憑，正在史丹福大學念博士。三十一歲那年，他回台灣相親，跟我約在台北一家豪華飯店見面。那時他已經拿到史丹福大學的電機博士，還在矽谷賺了第一桶金。

贏得掌聲，輸掉人生

他長得很帥，身材又高大英挺，我很訝異他到三十一歲還沒結婚，甚至落難到要回國相親。他跟我說，華人在美國有一道隱形的牆壁，很難跟白種人結婚，只能在華人圈裡找對象。他因為忙著學業和工作，一路上拚命卡位，所以錯過了好幾次戀愛的機會。等他在公司裡站穩位置，才發現好男人和好女人都是稀有動物，當他在學校和職場上拚命卡位時，情場上早已沒有他的空位了。

又過了很多年，他媽媽病危，他請假回來，沒多久他媽就過世了。辦完告別式後，他到清大宿舍來找我，一坐下來就問我有沒有酒。我們邊喝邊聊，才知道他情場一直不順利，勉強結了兩次婚，都很快就分居和離異。我問他有沒有孩子，他苦笑：「孩子沒有，贍養費倒是有兩筆。」

他感慨的說：「我跟我爸都相信『書中自有顏如玉，書中自有黃金屋』，只可惜我晚生了一個世代。我媽是個溫柔嫻慧的日本式女人，我爸真的光憑讀書就得到他想要的一切。我呢？只得到黃金屋，而得不到顏如玉。」

「這幾天陪著我爸，看著他跟我的人生，有時候不禁會想：『他的人生是一道成功的單選題，讀好書就可以得到一切；我的人生是一道失敗的複選題，得到了人人羨慕的學位和事業，卻因而失去了除此之外所有的一切。』」

「你知道嗎，我從小就跟媽很要好，我出國前，她整整哭了一個月。可是出國以後，我只見過她四次，全部加起來不到三十天。」我知道他很忙，但是媽媽難道沒去美國看過他？「她生下我們幾個孩子以後身體就比較弱，我爸不敢讓她搭長途飛機。」

半瓶高粱喝到快要見底，桌上滿滿的花生殼。我們悶頭嗑著原本很香的茶炒花生，他一臉苦笑，我不知道該如何答腔。臨走，他突然駐足在門口，回過頭來看著我：「有時候我會想，爸爸是否曾經後悔送我出國？」然後，在寂寞的夜色中緩緩離去。

我回到宿舍，心情沉重的繼續啜飲剩下的高粱，卻慢慢想起我們國中三年分享過的各種天真夢想。我們都喜歡文學，從國小開始投稿《國語日報》，夢想著有一天要當作家。後來他爸爸給他買了一套《明日科學》，用很淺的文字介紹科學的最新發展和未來，我們看了以後覺得當發明家也很不錯。有一天放學途中看到牆上貼著戲院的脫衣舞廣告，我們爭辯著「孔子看脫衣舞會不會心動」。他說他的功力還太淺，一定要鍛鍊自己的意志，直到見色不動心為止。

國三時，他寫信追學校的校花，被她爸爸截獲；改寄到學校，又被管理組長查獲。他被叫到管理組，因為是升學班裡成績頂尖的學生，有老師替他說情，才免了記過的處分。這麼活潑的人，怎麼會誤把人生的複選題給當成單選題呢？

他曾跟我說，剛到美國時，常被白人學生欺負，嘲笑他的英語口音。為了不讓美國人看不起，他拚命讀書，拚到高中跳一級，大學又跳一級。這些成績的競爭榨乾了他所有的精力，使得他對英文的注意焦點逐漸從文學轉為成績，以致最後只在意成績，而沒有辦法再去兼顧其他的東西，甚至沒注意到我們這一代跟他爸爸是不同的世代。

盲從的信仰，自毀的人生

我們父母的那個世代，確實是單選題的人生，只要卡住最重要的戰略位置，其他一切都會自動送上門。據說他爸爸從念大學時就有很多人來介紹女朋友，畢業後提親的人更是絡繹不絕。他爸是看過很多女性，才從其中挑了學歷最高、最溫柔體貼、最談得來的人結婚，而不是單憑嫁妝挑對象，所以婚後夫妻很恩愛。

連我們這一代，都差點有單選題的人生。我大一的寒假，一位念高雄醫學院的同學來找我聊天，談起高雄的富人有多誇張。他們會到高雄醫學院的布告欄上貼「雅房招租」的廣告，地點就在高醫附近，屋況良好且環境清幽，房租只有市價的六成，但是廣告上寫「限高醫學生」。等你住進去，他會拜託你當女兒的家教，一週兩次，價碼比市價多四成。等你跟他女兒有了感情，他會慫恿你在畢業前先跟她女兒訂婚，當完兵再回來結婚。

「高雄女孩嫁醫師時，陪嫁的標準行情是三層樓房，以及全套診所設備。」不過，這樣的婚姻不一定幸福。有些高醫學生糊裡糊塗跟房東女兒談起戀愛，糊裡糊塗結婚、生子；後來診所來了漂亮溫柔的護士，又忍不住跟護士談起戀愛。

沒想到現在竟然還有人在追求單選題的人生。有一次期末考，跟我一起監考的博士生抓到一個作弊的學生，我把他的考卷收起來，請他第二天下午到辦公室來談。我去找他導師，導師幫我跟教務處的人問過他的成績，發現他的平均成績在班上大約五至十名，根本就可以直升碩士班，我想不通他為什麼要作弊。

第二天他來了，跟我說：「我要申請台大電機所。」從清大動力機械系要申請台大電機所，我想不起來有成功的案例。

「你為什麼非要進台大電機所不可？以你的成績，直升我們的控制組沒問題，要申請清大或交大的電機所也有機會啊。」「我學測失常才會念清大，碩士班我一定要念台大電機。證明給高中同學看。」

我差點笑出來，清大動力機械念了三年都不曾拿到前五名，這就已經證明他不是台大電機的料了，還想用作弊證明給誰看？

「你的成績去申請台大機械所的控制組，也有機會上啊。」機械所的控制組修課和研究方向和電機所有很大的重疊，而且碩士班選課自由，根本就可以直接去選電機所的課。

「我一定要念台大電機所。」「為什麼？」「我畢業後要直接去韓國三星工作，念台大電機所才有機會遇到三星委託的獵人頭公司。」

我看著他，心裡覺得很悲哀。我的國中同學拚了全力去追求他人生的單選題，但是他犧牲其他一切後，起碼是在追求自己能力所及的目標。而我眼前這個學生呢？他靠作弊都還達不到自己設定的目標。這樣的人，未來不只是會毀了自己，恐怕還會成為社會的禍害。

我讓他回去想想，我把和他的對話都告訴他的導師，然後在他的期末成績上給了零分。據說，他畢業時成績單上只有一科不及格，就是我給他的「五十七分」。

3
假如我當年選了另一個跑道

★ 每當你錯過某一種收穫時，你會得到另一個收穫；每當你成就某件事時，你也錯過成就另一件事的機會。

——愛默生（Ralph W. Emerson，1803-1882）

★ 如果人們知道我耗費多大的苦心方擁有這些才華，他們就不再為我的稟賦感到驚訝了。

——米開朗基羅（Michelangelo，1475-1564）

台灣人喜歡跟人家比較，看到別人的成就很羨慕，卻不去想想人家為它付出過什麼，以及自己願不願意付出那麼多的心血；也沒去想自己得到了哪些別人沒得到的，是不是非得要羨慕別人不可。於是，莫名奇妙的忌妒起來，甚至後悔「假如我當時做了不同的選擇，今天說不定也跟他一樣。」

這種假設性的話題，完全沒有任何意義，只不過是荒唐的折磨自己而已。

國中死黨前程各殊

國中同學舉辦了畢業四十年的同學會，來的人零零落落，不過我卻巧遇一位當年頗要好的同學。我們同班兩年，國三時是隔壁班，都很喜歡讀散文和詩詞，所以還蠻常聊天的。後來他去參加北聯，上了建中，不久後舉家搬到台北，我們就從此失聯了。他跟我說，大學聯考考得不理想，重考後才上台北醫學院醫科，現在在台北榮總附近有自己的診所，還特地邀我一定要去他家看看。

「你一定要來見見我太太，她一直是你的粉絲，而且你們是老朋友，見了面你一定會嚇一跳。」「誰啊？」他不肯說，只說要給我一個驚喜。我心裡想：怎麼會這麼巧？他太太到底是誰？跟我是老朋友，卻又不像是以前的女朋友，否則他怎可能不吃醋？

實在太好奇了，我就趁一次演講後，照約定時間到他家去。這是一棟四層樓的雙拼建築，診所在一樓正面。我沿著綠籬繞到側門，只見矮矮的綠籬內花木、魚池幽雅怡人。我在側門邊按了門鈴，出來一位熟齡婦人，笑咪咪的跟我打招呼，跟我很熟絡的樣子；她的眼眉、神情我覺得熟悉，當下卻叫不出她的名字。我尷尬的朝她一笑，卻看見我同學就緊貼在她身後。她轉過頭跟我同學說：「你看，我就知道他一定認不得我。」這下我更尷尬了。

走進客廳，裡面的隔間、光線、家具、擺飾都很精緻、典雅，看得出女主人的用心與慧心。她問我：「你還記得天主教家扶中心的社區讀書室嗎？」這一問，我突然想起她是誰！我們以前一起在那個地方讀過一年書，我在準備大學聯考，她念商校。她家是新竹很有名的傳統餅店，父母觀念老舊，認定女孩子不該念太多書，就叫她去讀商校。但是她在我的鼓勵下考上大學，後來聽朋友說她畢業後到日本學室內設計，只不過我上大學以後就沒跟她聯絡了。

在家扶中心時，前幾個月只是點頭之交，直到聖誕夜前的週末，家扶中心的阿姨要我幫忙寫些布置內外的大字，並且要她幫我磨墨。她邊磨墨邊看我寫，很喜歡我的字，就這樣變成我的「粉絲」，而我們就這樣從寫字開始談起，慢慢熟稔變成朋友。

這天聊得很開心，男女主人都是闊別多年的朋友，晚餐後才盡興告別。過了幾天，爸媽來清大宿舍看我，我特地跟媽提起這一趟奇遇。媽的記憶力一向超乎常人，她還記得我同學，也記得他曾到我家吃媽媽做的包子。爸忍不住插話說：「那棟房子如果不是上億，也要數千萬，我看你這教授一輩子也賺不到他的三分之一。當年就叫你去考北聯，如果聽我的，今天你的成就絕不會輸他。說不定他念北醫，你念台大。」我聽了笑而不答，故意把話題支開談別的。

爸爸最喜歡這種假設性的話題：「假如你當年聽我勸去考法律系，現在可以當法官到退休，不用為了國科會計畫忙得要命，薪水還遠比教授多。」這種話題沒有意義，我討厭背書，也討厭從爸爸那裡聽到的各種司法弊端，打死我也不可能去念法律。明明不是我的菜，卻拿出來當話題，一點營養都沒有。

至於拿我跟這位同學比，更是荒唐。我怕殺生，生物課解剖一隻青蛙後，一個禮拜吃不下飯，一個月裡想起來都噁心；我怕屍體，叫我去大體解剖，我會半夜睡不著，嚇到發瘋。這種人怎麼念醫學院？要羨慕別人，也要先看自己是哪一種料！

鐘鼎山林各有天性

我的同學可以為了考上名校醫科而重考，我可一點都不喜歡重考；醫學院的功課那麼忙，很難有時間大量閱讀課外書，我可不要那樣的大學生活。更何況，實習醫師和住院醫師的生活毫無品質，我哪願意去忍受？只看到人家的好，而不去看人家的付出，這種比較一點意義都沒有。其實，別說醫生的生活壓力我受不了，我媽第一個就反對，她好幾次提醒我：「賺錢要緊，身體更要緊，生活品質也很要緊。別人羨慕醫師，我總覺得醫師不是好頭路。」

你想要得到什麼，就必須為它付出什麼，不可以說只想要得到，而不去認真思索你要為它付出的，否則就無異於妄想、空想。

再說台北，根本和我無緣。國三寒假，大哥去參加台北的高中插班考，我跟著去台北玩，住在仁愛路旁的舅舅家。大哥去考場後，舅舅一家也去上班、補習，只剩我一人。我鎖上門出去逛街，沿著仁愛路走著，路邊全是汽車，我覺得空氣很臭；往巷子裡走，巷弄更加逼仄，我很不喜歡。因為從小在新竹市郊長大，我習慣了開闊的空間、滿眼綠意和清新的空氣。勉強走了一段路，商店裡的東西剛看很新奇，看多了就覺得大同小異，越來越無趣。

最後，無奈的走回舅舅家。家裡沒人，無聊透頂，我就把整棟三層樓的房子從樓上擦到樓下。傍晚舅舅回來嚇一下，還開玩笑問我：「你可不可以乾脆搬到台北來，住我家？」台北是我住不慣的城市，所以國中畢業時根本沒想過要考北聯。

念新竹中學，我樂不可支的過了三年。功課輕鬆，敢放心參加樂隊；高三時沒有指導老師，還自己帶學弟練習。樂隊有特權不用參加早自習，我常一大早去爬學校後山，有時候連升旗典禮和早操一起蹺掉。學校一下課，我就騎著腳踏車去頭前溪邊，在草坡上或坐或臥，看雲、看秋芒、看水鳥、看遠山、讀詩、聽潺潺溪水聲，直到晚餐時間才回家。吃過晚飯，有時候練毛筆字，有時背詩詞，有時到遠離人家的地方吹梆笛。放假的時候，不是去竹東爬山，就是去南寮海邊看海，在浪濤聲裡讀一整個下午的小說。叫我用這樣的三年去換台北三年？想都別想！

「鐘鼎山林，各有天性，不可強也。」人要有自知之明。我這種人，註定不是念台北學校的料，也不是念頂尖名校的命。我明明就是這種人，只有這樣的人生才能過得快活，幹嘛去羨慕別人，又何苦把自己塞進不適合自己的人生？

我想不起自己有什麼後悔的時候，不是因為我的抉擇總是帶給我較多，而是因為我知道自己要的是什麼，滿足於自己擁有的，不羨慕別人有的。

大量閱讀增加思想的廣度與厚度

大學聯考失常，分發到成大，我又過得很開心。大一微積分將近一半同學被當掉，我卻拿到很高分。知道自己可以很輕鬆的應付功課後，就開始蹺課，到文學院圖書館讀自己的書。我讀課外書的時間遠多於讀課本的時間，佛經、老莊、《中庸》、《傳習錄》、聖經，只要有助於啟發人生智慧、解脫人生困惑的書都試著讀；也讀中西哲學、文學、史學與社會科學的名著，幫助自己從較寬廣、深刻的視野去了解人性與社會；還花了很多時間在社團裡，跟朋友討論音樂和各種思想。

高中與大學的生活，讓我培養出對大自然敏銳的感受力，成為我後來研究藝術的重要基礎，以及生活樂趣的來源。這段日子也培養出我對人性敏銳而深刻的了解，以及對人生意義的體認，使我能跳脫虛榮心與名利、權位的迷思。社會科學相關的閱讀與討論，讓我比較能夠從不同的角度去理解社會現象，幫助自己擺脫對現實的恐懼與焦慮，也讓我有能力尋思要如何去幫助這個社會，促進它的進步。這樣的閱讀和生活，使得我的成績表現平平，但是精神生活飽滿而豐富。大量的閱讀與思考，更使我扎下厚實的分析與批判性思考的底子，這對我後來從事學術研究有非常大的助益。

因為這些底子，我後來才能夠在碩士期間和教書生涯裡繼續研究文學、哲學和藝術，認識中西文化上最偉大的心靈，從他們感受到各種莊嚴、神聖、偉大的感情。這些感動和對於人生意義的信念，遠遠超過俗世名利所能帶給我的滿足。

了解自己並且珍惜所有

真要拿我跟我同學比，我看到的是「人的收穫剛好等於他的付出」。我的同學得到財富，也許還得到病人和家屬的感激，因為他的心血都灌注在這些事情上；而我得不到那些東西，不是因為我沒去考北聯，不是因為我沒念醫科，而是因為我不曾為這些事情付出過心血。

反過來說，他只懂醫學，其他文學、藝術、哲學、社會科學的視野、思考深度都遠不如我，那不是因為我聰明，不是因為我念竹中和成大，而是因為我在這方面付出的心血遠遠超出他許多倍。

我跟他的人生所得截然不同，最重要的關鍵不在於我們有不同的抉擇，念了不同的學校，而是因為我們付出的心血在迴然不同的領域裡。

很多人羨慕別人，後悔自己當初的決定，其實只不過是因為只看到別人的所得，而看不到別人的付出，也沒想到自己的所得。這種人，就是台語在罵的「呷碗內，看碗外」：邊吃著自己面前這一碗，卻不肯知足，還盯著別人的碗瞧，又羨慕，又想要；其實，吃完自己這一碗早就飽了，根本沒多餘的胃納去裝別人那一碗，所有的羨慕只不過是自尋煩惱而已。

有些學生欽佩我可以為了理想而過簡樸生活，我都笑笑提醒他們：「你看我捨去很多，其實我得到的更多；只不過你們看得到我捨了什麼，卻無法感受到我得到些什麼。」

想清楚你要的是什麼，認真去追求；該捨就捨，捨了就不要再貪求。如果你願意這樣，人生的許多兩難抉擇就變得一點都不難。

4

十二年國教爭什麼？

★成功，就是在失敗與失敗之間跌跌撞撞，卻永不失去熱情。

——邱吉爾（Winston Churchill，1874-1965）

★毅力是所有勝利的秘密。

——雨果（Victor Hugo，1802-1885）

教育改革的目標應該是隨著社會與產業的變遷，修改教育的內容、教材與教法，以便讓學生可以學到未來要用的能力。結果十二年國教吵得面紅耳赤，大家只關心如何擠進明星學校，以及明星學校的存廢問題，根本沒去想核心的問題：「重要的是你可以學到什麼能力，而不是在哪一所學校學。」

等到大學學測成績出來以後，很多人又在煩惱要不要參加指考，要念哪個科系、哪所學校，而不是思索自己要在大學裡培養出什麼能力。其實，出社會以後老闆在乎的是你在大學裡學會什麼，而不是你畢業的學校。

《*Cheers*》雜誌二〇一四年訪問張忠謀，詢及徵聘新人的條件時，他就坦白承認：「過去台積電應徵畢業新鮮人的時候，參考學校成績是錯的。因為現在四、五十歲的員工，他們對公司的貢獻，和當初他們的成績相關度不大，你怎樣訓練他比較重要。」此外，百分之六十四的企業人資主管表示，大學學歷不是錄取的保障，主要是以能力取勝。

這些並非是面對媒體說的假話，我們馬上可以用一〇四人力銀行的大量統計檢證看事實到底如何。

公司要的是營利，老闆要的是能力

申請入學報到的截止日前，一對母子經朋友介紹來找我討論。孩子申請到的是一所名聲很好的私立大學電機系，孩子願意去念，媽媽卻被補習班老師慫恿：「你的孩子有實力考上國立大學，絕對不要放棄指考的機會。」可是，要參加指考就得放棄手上這個申請到的機會，如果以後指考成績更差，豈不是要後悔？

聽起來，很像是個兩難的抉擇。

我問孩子：「你覺得這次考試有沒有失常？」「大概沒有吧。」「你怎麼會這麼想？」「我不知道。」我換個問法，想知道他到底有沒有失常。「班上成績跟你差不多的同學裡，考得最好的是申請到哪裡？」「有一個申請到中正大學機械系，不過他平時成績比我好一點。」

我分析給媽媽聽：這樣應該不算失常，他如果去參加指考，等於是沒事去冒失常的風險。他媽媽面有難色：「可是補習班老師說他一定可以考上國立大學的電機系。」補習班要補習費，當然總是會鼓勵人家參加指考。可是，我不便說得這麼明白。

「你為什麼堅持一定要念國立大學？私立大學也有些很不錯啊。」「因為職場雜誌說大學念哪裡真的很重要，各公司的人資部門第一關就是看你念哪所大學。」職場雜誌經常故意危言聳聽，才能吸引讀者，擴大銷路。人資部門確實是公司裡徵聘人才的負責單位，但是他們只負責初審和安排面試，而初審的過濾條件和最後的決定都是用人單位的權責，所以人資部門講的不一定算數。不過，我不想去解釋這些細節。

我上網找出《*Cheers*》雜誌二〇一二年的調查結果給她看，企業界最愛的大學畢業生依序是成大、台大、交大、清大、政大、台科大、淡江、北科大、逢甲和中山大學。「你看，學校的排名是有影響，但不是死板板按照大學分發志願序那樣排下來的。第一輪的大學確實是五大名校，但成大排名卻在台清交前面，而較有名氣的淡江和逢甲也排在其他國立大學的前面。」

「怎麼會這樣？」「成大學生的能力跟台大的不會差太多，但是配合度較高，忠誠度也較高，所以老闆比較喜歡。」「可是職場雜誌說，雜誌的報導不算數，很多老闆接受雜誌訪問時都說漂亮話，而不肯說真話。」

我覺得好笑，既然雜誌的報導不算數，職場雜誌說的又怎麼會算數？我從來就不相信職場雜誌說的，所以曾自己彙整過一〇四人力銀行的薪資統計。我把它從電腦檔案裡找出來給她看。

各大學電機系畢業校友月薪統計

畢業學校	年資五年以上所占比例	主管比例	月薪				
			八萬以上	七萬以上	六萬以上	五萬以上	四萬以上
交通大學	25%	28%	43%	54%	70%	76%	85%
中央大學	26%	28%	43%	50%	64%	75%	79%
台科大	50%	32%	34%	48%	60%	75%	93%
淡江	32%	34%	21%	31%	40%	60%	76%
輔仁	23%	40%	15%	23%	37%	50%	80%

我指著交大和輔大校友的薪水請她看：交大有百分之四十三的人薪水高於八萬，輔大只有百分之十五，但是輔大這些人的收入還是高於百分之五十七的交大校友。「所以，這是不是證明了薪水跟能力有關，而跟學歷無關？」其實這是廢話，私人企業的老闆關心的是你的產值，誰會關心你是哪所學校畢業的？所以私人企業才會叫做「營利事業單位」，而不是「員工畢業證書展覽會館」。

整份統計資料看起來，交大的高薪校友比例上確實比其他學校多，但這並不表示每一位交大畢業生都拿高薪，而輔大的校友都拿低薪。最後是能力在決定你的薪水，而不是學歷。其實，根據雜誌的調查，雖然有一部分企業在招聘新人時會考慮學歷，但核薪都一定是根據能力。

這個媽媽還是很不放心。仔細看了很久，她說：「這資料怪怪的，為什麼台科大薪水高於四萬的有百分之九十三，交大卻只有百分之八十五？」「因為這份統計資料裡，台科大畢業年資五年以上的占百分之五十，而交大只有百分之二十五，所以台科大有年資優勢。」「喔！可是為什麼各校擔任主管的比例反而跟學校排名相反？」那是因為主管需要人際溝通與協調的能力，這些能力交大學生不一定比較強；此外，交大學生可能比較喜歡研究工作，而不喜歡人際溝通，所以寧願當專職的工程師或研究人員，而不願意當主管。

這孩子聽著我們的談話，眼睛裡帶著笑意，似乎為了可以省去指考很開心。我送他們出門時，特地拍拍他的肩膀：「不管你去念哪所學校，都要好好念書。一定要記得：畢業以後，人家只在乎你會什麼，沒人在乎你在哪裡學。」

據說，媽媽後來還是硬要孩子去參加指考，出來的成績卻遠比學測還差。孩子還是願意去念，因為他相信我說的話。媽媽呢？自責得不得了，哭得眼睛紅腫好幾天。

重要的不是校名，而是你的實力

很多人為了學校排名而焦慮得不得了，卻完全沒有想到真正要緊的不是學校排名，而是你的實力。為差距很小的學校排名而陷入兩難的抉擇，根本就是在自尋煩惱，完全沒有必要。

還有很多人擔心考試失常，焦慮到罹患精神官能症，那就更加不值得。因為，考試失常並不會奪去你長年累積下來的實力，只要你繼續用功，累積實力，遲早會有東山再起的機會。

我有一次去北部一所很有名的私立完全中學演講，聽說這學校的升學率已經快跟上建中了。聽講的是十二年國教的第一屆，很多人已經申請到高中部的直升名額，正在為要不要參加特色招生而煩惱。我給他們看一份過去北北基各高中考上大學五大名校的統計：

學校名稱	五大名校錄取率
建國中學	60%
北一女中	57%
師大附中	49%
中山女中	40%
政大附中	38%
成功高中	34%
松山高中	32%

我指著統計表問他們：「假如有人原本有考上建中的實力，卻因為失常而考到松山高中。你們猜，後來他是考上五大名校的那百分之三十二？還是沒考上五大名校的那百分之六十八？」他們都毫不猶豫的大聲回答：「考上的！」我再問他們：「假如有人原本的實力只能考上松山高中，卻因為意外而考到建中。你們

猜，後來他是考上五大名校的那百分之六十？還是沒考上五大名校的那百分之四十？」他們也都毫不猶豫的大聲回答：「沒考上！」我再問他們：「是實力比較重要？還是念哪所學校比較重要？」我聽到很大聲的回答：「實力！」

演講結束，一個男生擠到前面來，跟我說：「教授，我還是覺得學校比實力重要。」「為什麼？」「就算我沒有考上建中的實力，當然還是去念建中比念松山高中好。」「為什麼？」「因為這樣我的高中三年會過得比較開心，比較抬得起頭。」「如果可以考上建中當然好，但是如果沒考上，也不需要太在意啊。」

他一臉執拗，「我一定要念建中。」「假如你非念建中不可，就得要先放棄這裡的直升機會；如果特招的結果不理想，你會不會後悔？」他不說話。「你會不會擔心特招失常？」他猛點頭。「如果你為了念建中而焦慮到罹患精神官能症，那是不是不值得？」「不會！」「咦？怎麼說？」「我如果沒考上建中，反而可能會生病。」「哪有這種事！」「我哥哥和姐姐都是建中、北一女的，我不能丟我家的臉。」

他看著我，臉上的表情很堅決，卻又一點都開心不起來的樣子。「而且，我的表兄弟姐妹也都是念建中和北一女的，只有一個例外。我不能讓媽媽回娘家時沒面子！」這套台詞，大概是家長一再重述，硬塞進他腦袋瓜裡的吧？

青春期正是精神官能症的好發期，壓力太大的話很容易生病；很多孩子為了擔心考試失常而長期承受著嚴重的焦慮，如果還要去承擔父母的面子問題，將會把多少孩子逼成精神官能症？

人不能只想到自己要什麼，而不去想可能要付出的代價，才不會因為走極端而釀成悲劇。

5 安頓失常與無常的恐懼

★ 懷著最好的希望，做好最壞的準備。

——英文俗諺

★ 人生沒有任何事情值得過分憂慮。

——柏拉圖（Plato，西元前 427-347）

★夜愈黑暗，星辰愈燦爛；心裡的悲傷愈深刻，就愈接近上帝。

——杜思妥也夫斯基（Fyodor Dostoyevsky，1821-1881）

人生的際遇有些像噩夢般讓人難以接受，但卻又沒人有把握可以讓它絕不發生。譬如基測或學測嚴重失常、失戀，或者自己突然失去身體的重要功能。一般人想到這些事情，只會一心期待它不會降臨在自己身上，卻又經常懷著無解的憂慮與恐懼。我的辦法是乾脆面對它，為這些情境想出勉強可以接受的辦法，甚至積極想出還過得去、不太差的辦法，藉此把惡運翻轉成可以接受的際遇，也藉此消除對惡運的恐懼。

譬如，考試會不會失常，就完全不是你能控制的。如果你無法接受考試失常的後果，就會逼著自己去想辦法不失常，但越是千方百計想要避免失常，反而越清楚的看到你沒辦法保證自己不失常；你的心理壓力會越來越大，甚至引發焦慮症或恐慌症等精神官能症。據說台灣有過精神官能症的人可能高達百分之二十五，而且很多人第一次發病是在考高中和考大學的時候。所以我常提醒考生：

「沒考上台大醫科無所謂，別住進台大醫院最要緊。」

那麼，你要怎樣面對考試失常的焦慮？

我的辦法是為自己的孩子設計出考試失常時的備胎方案，讓他們覺得聯考失常不可怕，結果他們反而在考試時表現得遠比平常更出色。

把重考變成次佳的方案

兒子高中聯考前一個月，我就找個較輕鬆的晚上跟他父子對話。我先提醒他，從過去的校內模擬考成績看來，他若不失常，應該可以考上新竹的第一志願；如果是小失常，大概還可以吊車尾上第一志願；若失常得太厲害，就考不上第一志願，必須面對重考這件事。他同意這個評估。

然後，我問他：「你怕不怕聯考失常，以致必須重考？」他當然會怕。「你有沒有把握一定不會失常？」誰也沒把握。「那怎麼辦？」他也不知道。「既然失常不是不可能的事，而你又那麼怕失常，我們乾脆來想出一個重考A計畫，讓失常變得一點都不可怕，這樣好不好？」他滿臉狐疑的點點頭。

他有一套聯考用的參考書，我曾教過他參考書的使用技巧。第一次做題時，根據題目難易程度在題號之前做記號，很難的題目打「＊＊」，有點難的「＊」，答錯的打「×」；不難的不打記號，溫習時不用做這些題目，這樣溫習時可以將要做的題目減少將近一半。第二次做題時，只做有打記號的，而且根據這一次做題時的感覺，更新題號之前打難易度的記號，以便下一次溫習時，只做有打記號的，這樣可以再把需要溫習的題目減少一半以上。

我的計畫是這樣子的，重考那一年只用一部分時間來適度加強實力，以便在有較嚴重的失常時仍能考上第一志願；剩下的時間用來做他長期渴望而沒機會做的事，讓重考那一年像是一個小小的長假，而不是自我懲罰的一年。

因為只是要溫習和適度加強實力，所以上半年只需要每天讀一個上午，有興趣的話下午或晚上繼續讀，主要是加強數、理、化科目的理解深度，以及做參考書上有打記號的題目，並持續更新題號前的難易度記號；其次是溫習史地，加強整體性的了解，而不需要太在意細節的記憶。

下半年則每天讀一個上午和一個晚上，主要是強化需要記憶的科目，其次則是溫習數、理、化科目，重做有記號的題目（數量越來越少）。其他時間他可以做自己喜歡的事：彈鋼琴、讀課外書、打籃球。此外，十月我們可以去日本看楓紅，那是全家渴望多年而做不到的事；我們還可以在三、四月去一趟日本看櫻花，這些也都是他順利考上高中後反而沒辦法做的事。

在這樣的配套下，考上的好處是不用重考，壞處是失去一個人生的假期；重考的好處是可以去做很多長期以來做不到的事，而且有機會進一步練習整合三年的功課，學習大規模的系統性思考，而壞處是必須晚別人一年。還好，我從小引導孩子們不要被虛榮心和面子所左右，所以他們並不在意晚別人一年。

當我把兩案優劣分析給他看之後，再問他一次怕不怕重考。他不怕了，只是第一優先仍是順利考上。我最後再問他一個問題：「你如果失常而必須重考，我一點都不會難過，你相不相信？」他相信，因為我提出來的重考A計畫讓他可以有不同的收穫，而不是浪費一年重複做無意義的事。

他能相信，我就放心了。我希望他進考場時不需要為我擔心，而只要為自己擔心——那已經是夠大的心理負擔了。

結果，他在考場中的表現遠比平常出色順利。

落荒而逃，不如積極迎戰

天有不測風雲，每次看到身邊的人有重大的不幸發生，我都是「寧可預先想好對策，絕不逃避心中擔憂或恐懼的事」。

無名的恐懼最容易毫無理由的擴大、加強，因此你越是逃避而不去看清楚、想清楚，就會越害怕；反之，你越是勇敢而積極的去面對，越是努力去看清楚、想明白，恐懼就會越來越受到節制。

女兒高中時因為近視度數太深導致視網膜剝離，眼科醫師說她有失明的風險。我當夜憂慮到失眠。但是我知道，只是害怕而不去想對策，反而會越來越恐懼。我就乾脆不睡，想像她失明後，我可以怎樣幫助她去建立一個可以接受的人生。

盲人學校可以幫助她自理生活和行走，這不是問題，關鍵在如何讓她的人生仍舊可以有價值、有意義。我可以讀書給她聽，她也可以學點字，用另類的「閱讀」來維持心智和心靈的成長；我可以協助她去尋找比較不仰賴視覺的工作，譬如增強她從別人聲調中辨識情緒的能力，以便往諮商師這樣的生涯去發展；或者協助她去熟悉各國的兒童音樂和兒童故事，以便朝向兒童有聲書的創作方向去發展。

心中有了一個勉強可以接受的方案之後，我的焦慮就和緩下來，終於能入睡。後來，運氣很好，找到一位醫術高明的眼科醫師，為她施行雷射手術而救回了視力。

看到鄰居中風後行走困難，我除了同情之外，更近乎本能的開始設想自己要如何料理中風後的人生。想到行動的不便可以靠枴杖或輪椅來克服，我就不再那麼害怕中風。接著我想到自己每天需要到操場運動一小時，一天不運動就會全身僵硬、渾身不舒服，這該怎麼辦？後來發現，鄰居中風後舉步維艱，頓然領悟到：中風後無法到操場去運動，但是在院子或家裡辛苦的走一小時，也抵得上常人在操場運動一小時。把這些最害怕的事情都想清楚，有了可以勉強接受的備胎方案後，我就不再害怕中風了。

對於我這種「有憂慮就積極找對策」的態度，有些人不以為然，勸我：「船到橋頭自然直，事情發生了再來想辦法也不遲。」我不這麼想，愈是讓你害怕的事，事發後愈是會迅速的壓垮你，讓你情緒崩潰，無法理性的思索對策。事先防範，你才比較有機會去冷靜的思索退路，以便在萬不得已時接納它與因應它。

有一次，學生問我：「老師，你的人生中有過哪些困境？你如何度過困境？」我一時間竟然想不出有什麼困境。過了好幾天，我才慢慢想出來，我也有過很多會被別人稱為「困境」的際遇，但是我從來沒有掛在心上，所以被問到時才會想不出來。

後來，有人問我何以能這樣看得開，我想是因為我總會為擔心害怕的事預謀對策；此外，任何事情一旦發生，我都會立即接受它，並且開始思索「我要如何走出谷底」，而從不去問「我為何這麼倒楣」，也不在情緒上做無謂的抗拒。

「只要是已經發生的事，一概接受，絕不抗拒。」這個態度也讓很多人難以接受，甚至覺得怪異或是「消極」。其實，天底下很難有比這個態度更積極的了。試想，已經發生的事你還能讓它不發生嗎？與其浪費時間和精力去抗拒、沮喪、懊惱、後悔「為何不早一點想到、早一點看見，或者採取不一樣的選擇」，不如把精力花在謀思「在這事實的基礎上如何往下走，才可以將災害降到最低，或者最快找到人生的新方向」。

抗拒不僅浪費時間，其實還增加痛苦、延長痛苦。意料之外的不幸已經很折磨人了，何苦再用自己的想不開去增加、延長痛苦？

敬天樂天，所以不憂

我有一位篤信基督教的朋友，某一年，他的孩子一個要考高中，一個要考大學，我半開玩笑問他：「你們家今年有兩個考生，家裡豈不是像地獄？」他說沒事，反正該讀書時讀書，該休息時休息，該運動時運動，生活作息都一如往昔。

我很想知道他們又如何去面對考試的壓力，他說：「我們不會害怕考試失常，因為我們都是有信仰的人。」我不確知那是什麼意思，他就解釋給我聽：「我們相信人在世上所受的考驗，神都有祂的理由；而祂的作為人無法參透，所以只能盡心照祂的教訓去做，對於所發生的事心甘情願的接受，不用猜測事情為什麼會發生，也不用猜測這事是福是禍，或者接下來會發生什麼。」

他接著引了一段舊約・傳道書裡的話：「凡事都有定期，天下萬務都有定時。生有時，死有時，栽種有時，拔出所栽種的，也有時。殺戮有時，醫治有時……我見神叫世人勞苦，使他們在其中受經練。神造萬物，各按其時成為美好。又將永生安置在世人心裡，然而神從始至終的作為，人不能參透。」我問他，那是什麼意思？

他說：「這世上的事為何會在特定時刻發生，沒人可以參透。你為何會在這個時刻出生？他為何在那個時刻死去？我們只知道事情發生了，不需要再去問背後的道理，因為你不可能知道。我們只能根據經驗的歸納而知道每一種植物最適當的栽種季節和收穫季節，卻不知道為何換個季節就會種不活、歉收。

「神造萬物有祂的理由，人類不可能預測，也不可能參透。這個人為何會橫遭殺身之禍，那個人為何會巧逢名醫？我們無法預先知道自己的遭遇，更不知道這個際遇的後面會帶來什麼樣的際遇。一人橫死，帶來貴人的同情，反而讓全家脫離經濟的困境；一人病癒，去工地工作，卻遇上建築倒塌而慘遭橫禍。人間福禍無常，不是人能臆測、預期的。」

他的話讓我想起《周易・繫辭上》說的：「樂天知命，故不憂。」以及莊子說的：「知其不可奈何而安之若命，德之至也。」

天有不測風雲，人有旦夕禍福，但是塞翁失馬焉知非福？一個人如果沒有能力接受失敗和不幸，他的人生將會是非常脆弱的。與其如此，還不如懂得敬天，懂得跟自己的命運坦然相處而無怨。

沒事的時候，按照人類成長的自然節奏與步驟，先後有序的培養自己未來所需要的各種能力；遇到超乎人力所能克服的困境或不幸時，當下接受而不去質問好運與背運為何發生在自己身上，不灰心也不喪志，繼續做自己能做的事。假如能夠這樣跟命運共處，哪還會有什麼痛苦、煩惱與挫折？

6

輕重、先後與取捨

★未經審視的人生是不值得活的。

——蘇格拉底

★人們對枝微末節的瑣事很敏感，對重大的事情卻默不關心，這顯示出奇怪的本末倒置。

——巴斯卡（Blaise Pascal，1623-1662）

人的精力有限，想要兼顧現實與理想，學業、社團、愛情與自我發展，並不容易。如果分寸拿捏不當，很容易淪為蠟燭兩頭燒，三頭燒，甚至於什麼都顧不好。因此，如何評估各種人生目標的輕重、先後、緩急，以及如何取捨，就變得很重要。

人生哲學的第一堂課

開學的第一堂課，我在講台上等著學生進教室，黑板上早已寫好六個選項：健康、親情、友情與愛情、財富、權力、名氣與社會地位。大家坐定之後，我請學生把黑板上的項目抄到紙上，然後問他們：「有把握畢業後隨時兼顧以上六項的人請舉手。」沒有人舉手。

「現在，你們把其中最容易割捨的一項刪除。」他們很快完成這項選擇。我接著問：「有把握可以兼顧剩下這五項的人請舉手。」只有一個人舉手。我請他們再刪除一項，然後問：「有把握可以兼顧剩下這四項的人請舉手。」只有少數人舉手。於是，我請他們再從清單中刪除第三項。等了很久，所有學生都露出很掙扎的神情，似乎很難做出決定。

我請幾個學生表達他們的想法，大家最先放棄的都是權力、名氣與社會地位，並且覺得剩下的四項沒有一項可以放棄。於是，我回過頭來面對黑板，把「財富、權力、名氣與社會地位」這三項擦掉，改寫成「一家溫飽無虞的收入、銀行裡用不到的積蓄、三代用不完的財富」。然後回過頭來面對學生，請他們從黑板上新的六個選項中刪去兩個，「有把握可以同時兼顧其中四項的人請舉手。」大家都舉手了。

於是，我提醒他們：「健康、親情、友情與愛情是無法捨棄的，而人也確實不能沒有錢。但是一個人的財富可以細分為三大類：確保一家溫飽的收入是必要的，也不會花費你太多心力，因而不需要你犧牲健康、親情、友情與愛情；銀行裡用不著的積蓄是次要的，卻可能會耗費你太多的心力，甚至讓你犧牲健康、親情和友情，因而你應該量力追求它，而不要在意得到多少；三代也用不完的財富和名望、地位、權力都是可有可無的，你更加沒必要為了它犧牲不可或缺的健康、親情、友情，和全家的溫飽。」

其實，學歷也一樣可以被分成輕重不同的三個層次：找到一個適合自己能力和興趣的學校與科系，以便學得一技之長來確保全家溫飽，這是很重要的；至於名校的學歷則是次要的，毋須強求；而國外頂尖名校的博士光環則是可有可無，不需要為它煩惱或痛苦。

人生的每一項目標都可以被細分成必要的、次要的和可有可無的三個層次，如果我們把心力優先用來追求各種人生目標的必要部分，再用剩下的心力去追求次要的部分和可有可無的東西，人生的取捨和抉擇就會先後有序，而不至於顧此失彼或輕重顛倒了。

這個道理很容易懂，卻很少有人認真去落實，因而很多人臨終前的遺憾竟然是「但願我曾多留一點時間給親人，而不要為工作花那麼多時間」，以及「但願我曾多跟朋友保持聯絡，而不是任由他們失去音訊」。

留時間給親人和朋友一點都不難，還能讓自己享受親密關係的愉悅，為什麼卻讓它變成終身遺憾？

最常見的原因恐怕是：年輕時只想先顧好現實，把所有的時間都給了工作和學業，以為其他一切都可以等晚一點再來處理；等到現實真的被安頓好了，孩子的童年和青春卻都已成過去，家人也已經習慣於沒有你的人生，你變成他們「最親密的陌生人」，不知道要如何融入家庭。至於父母，他們的人生有限，等你想要親近時，他們也許已經過世。

朋友呢？再好的友情都經不起時間的磨損，越是疏於聯絡，你們的共同話題越少；十年沒有聯絡，再相逢時已經恍如隔世，找不到可以持續談下去的話題；只要有一次艱困而不知如何彼此答腔的經驗，友情就會變得益加疏遠。

不僅如此，有時遲來的關愛還可能變成親人的困擾與傷害。電影《心的方向》（*About Schmidt*）就描述一個精算師的人生，充滿反諷意味的讓我們看到他精打細算的結果，和來不及挽救的悔恨。

遲來的關愛，只是困擾與傷害

主角華倫・史密特是保險公司的精算師，他最自傲的是：只要給他一個人的基本背景資料，他就可以精確推算出這個人還可以活多久。但是電影開場時，他卻什麼事也沒做的坐在椅子上，注視著牆上的時鐘，隨著秒針的迅速移動讓時間一分一秒流逝。

原來，這是他上班的最後一天，他在不捨的感受僅剩的上班時間。他眷戀不捨的離開辦公室後，直奔退休歡送會，找到接任的年輕主管，反覆叮嚀交接過的重要業務要領。

退休後他失去所有的人生目標，整天無所事事。某夜看電視時，隨興抄下公益廣告的資訊，並寄出支票認養了一個遠在非洲的孤兒。

一天，他閒來無事，就晃到公司走走。發現他花費一生為公司設計的制度被接任者用電腦作業取代，過去他使用的文件和整套標轉作業流程都被丟在資源回收筒裡，他更感到失落。

他太太婚後一直期待著跟他一起去旅行，並且在他退休後買了一輛大型露營車，卻在他退休後沒多久因腦部血栓而過世。葬禮上他絲毫沒有哀悽之色，反而在葬禮後開心慶祝沒人干涉他的日子。但是他逐漸被獨居的孤獨、寂寞所吞噬，生活更加失去動力。

為了走出頹廢的生活，他決定開著露營車，長途跋涉去看即將結婚的女兒。在途中一個露營基地，一對熱情的夫妻邀他晚餐，他卻因為太寂寞，對那位太太表錯情，並且誤會那位太太的安慰而進一步求歡。他被拒絕後，羞愧的落荒而逃，這才明白過去被他長期冷落的妻子有多寂寞。他後悔、愧疚，並開始懷念起亡妻，但一切已經無法挽回。

他的車子開到女兒上班、居住的城市。他很快發現未來的女婿非常庸俗、低能，根本配不上他那傑出的女兒，而且他未來的親家甚至有點病態。他決心要阻止這一場荒唐的婚姻，卻讓女兒很痛苦。女兒說：爸爸你能不能停止批評，只給我祝福。他的關懷來得太遲，女兒已經沒有別的婚姻選擇。第二天，他違背良心的讚美親家，祝福這一場婚禮，然後傷心落寞的離去。

史密特做錯了什麼？就像她女兒說的，愛要及時，遲來的關懷不但沒有好處，反而只是對她造成困擾與傷害。

路上，他對自己的人生充滿失望和悔恨。他從小有很大的抱負，期待著因為自己的努力而使世界變得更好，最後卻發現沒人在乎他的存在，他的人生簡直就是白活、枉然。

回到家裡，一堆廣告信函中，露出一封來自非洲的信。他認養的那個孤兒寄來一張手繪的圖畫，畫裡一個大人手牽著一個小孩，右上方還畫了一個笑容燦爛的大太陽。

在情感上，孤獨的老人跟這世界只剩下一個遙遠的聯繫，來自那個唯一領受過他的關愛的孤兒。

導演似乎是在暗示我們：每個人得到的愛，剛好等於他所付出的。

偷來成就，偷不來幸福

人生是個多重目標的複選題，而人的時間卻有限，你先照顧好飲食、睡眠、運動等首要的健康問題後，還必須要確保自己和家人的未來可以溫飽無虞。如果還有剩下的時間，只能一部分用來給自己，一部分給家人和朋友，一部分給工作和學業。

如果堅持要保留一部分時間給自己和家人，而別人卻把所有的時間都給了工作和學業，他就有機會在學業和工作表現上超越你。不過，他雖然可以從自己和家人那裡偷時間來換取額外的成就，卻不必然會更加幸福。

我們可以把人生的幸福分成三大來源，一份來自學業和工作上的成就，一份來自跟朋友、家人相處所獲得的快樂，一份來自追求自我實現所獲得的滿足，每一份滿分各是一百分。那麼，把所有時間都給工作和學業的人，三項的總分頂多只有一百分；而把時間平均分給三個項目的人，如果每項都及格，總分還是有一百八十分。因此，把應該給自己、家人和朋友的時間擠出來，通通用來換取額外的學業和職場成就，雖然可以在陌生人面前很風光，卻少掉了獨處的快樂，以及跟家人、朋友互動的樂趣，因此不見得比較幸福。

就算我們給現實的成就較高的加權，讓這一項滿分為一百分，其他兩項的滿分各為五十分，兼顧三項而皆及格的人還是可以拿到一百二十分的總分，贏過把時間都花在單一項目上的人。

人生有些地方跟學測、聯考頗有幾分相似。如果學測或聯考一共要考三科，你不可能放棄任何一科，一定會先把時間大致平均分配給所有的科目，來爭取基本分數，然後再把重點用來搶救分數最低、最有機會加分的科目。但是，面對人生時，我們卻經常忽略應該要給自己和家人、朋友的時間，把所有時間都押在一個項目上。這種奇怪的行為，到底該怎麼解釋？

其實，與其說是身不由己，不如說是面子問題。所有人都看得到外在的成就，從另外兩個項目得到的快樂和滿足別人卻看不到；因此大家羨慕成就高而寂寞、乏味的人，卻看不起幸福而成就較低的人。在這樣的壓力下，如果你很怕被人看不起，就會把應該給自己和家人、朋友的時間全部擠出來，用以爭取額外的成就和成績。

於是，我們終於面對人生最首要的抉擇與取捨：當你花了足夠的時間確保一家的溫飽之後，你是要把剩下的時間通通丟進學業和工作裡，還是均衡的分給自己、家人和朋友，以及學業和工作？你是要全方位追求人生的各種幸福？還是要把所有心力都用來換取陌生人的羨慕？

問得更透澈一點：你是要為自己活，活出自己感受得到的幸福？還是要為別人羨慕的眼光而活，甚至冒著失去自己、家人和朋友的風險？

7

飛蛾撲火的面子問題

★

虛名是如此誘人，以致我們酷愛一切跟它有關的事物，甚至包括死亡。

——巴斯卡

★

虛榮和自豪是不一樣的，雖然它們的字義很相近。一個人可以自豪而不虛榮；自豪是關於我們對自己的評價，虛榮是關於別人對我們的評價。

——珍・奧斯汀（Jane Austen，1775-1817）

你知道飛蛾為什麼會撲火嗎？因為只看到牠要的，而沒看到牠要付出的代價。一個正常的媽媽，如果要她在孩子與面子之間做抉擇時，她要的應該是孩子，而不是面子。但是，如果在她做抉擇時，只想到面子而沒想到孩子，她也可以同樣輕易就選擇了面子，而毀了孩子。

如果你在抉擇時只看到自己要的，而沒有覺察到它伴隨的副作用，往往就會不自覺為自己埋下悲劇的種子。

不要孩子，只要面子

研究室的敲門聲響起的時候，我正趴在窗口抽菸，一時間兩難，不知道要不要馬上回應。如果讓門外的學生進來談話，我恐怕得把剛點燃的菸捻熄——因為我不喜歡在小小的研究室內抽菸，抽到滿室菸味，回家又被全家人嫌。如果不應聲，擔心學生以為沒人就走掉了。想起一位老師以前提過的原則：敲一聲門有可能是路過，順便敲門；敲兩聲可能是探測裡頭有沒有人，不一定非找到你不可；敲三聲通常是意志堅定，確實需要你。

我決定等到第三聲才應門，就繼續趴在窗口抽菸，把煙吐到窗外，順便看著窗外的鳳凰樹。春末夏初的時分，綠葉滿蔭，花芽未吐，不過開花的季節也快到了。

門敲了第三聲，我應聲：「請進！」將抽了兩口的菸捻熄，坐到椅子上，看著進來的兩個學生。男的一眼就知道是修過我通識課的，女的則讓我震驚：一張臉塗滿厚厚的粉底，完全看不到臉上的膚色，甚至幾乎看不到表情。這不叫濃妝，濃妝是厚塗粉底後仔細勾勒出清楚豔麗的眉目，猶如藝妓或國劇的臉譜。她是塗滿了厚厚的粉，沒去勾勒眉目，以致五官也隱入粉底裡。我沒看過這樣的化妝法，直覺強烈告訴我這不是一般的女孩。

男生先開口：「老師，我修過你的通識課。」「我知道。」「這是我的女朋友。」她兩眼僵直，不安的不知道要看哪裡。「我的女朋友有問題，希望請教老師。」他把手搭在女朋友肩上，像是鼓勵她、安慰她。女孩子把頭低下來，很久沒說話。我警覺到問題很嚴重，但不是我開口的時候。

過了半晌，她抬起頭來，臉上兩道深深的淚痕，劃過厚塗的粉底，用微弱而堅決的聲音說：「我想死。」那男生臉上露出震驚的表情，好像只知道他女朋友問題很嚴重，卻沒想到已經糟到要自殺的程度。我有很不好的預感，這將會是遠超過我能力所及的案例，而諮商中心我最信任的老師又已經被聘到東部去，我恐怕也很難找到自己信任的後援。

「沒關係，你慢慢說，我今天整個早上都沒事。我太太也剛好不在家吃午餐，有需要的話我們可以買三明治進來繼續談。」我乾脆到研究室門口，上了鎖，讓她知道不會有人進來了。

她的癥結不是想自殺，而是有一個自以為絕對過不去的關卡；而且，她很可能不相信有人能了解，也不相信有人能幫上忙。「我想死」是個邀請和試探，看我願不願意去跨越各種的困難。我能做的第一件事就是讓她毫不懷疑我的誠意與耐心。

我想著我的盤算，沒有開口。我可以耗在那裡等她，我可以耐心的聽下去，絕不打岔，直到她要我說話——我必須用耐心去換取她的信心。她的男朋友倒是先憋不住了：「老師，她今年大四，但是可能無法畢業，必須延畢。」「延畢會有什麼困難嗎？」「學校方面沒問題，是她媽媽那邊有問題。」

「什麼樣的問題？」「她不敢讓她媽媽知道。」「家裡有經濟方面的困難嗎？」「沒有，她家很有錢。」

他看著女朋友，似乎在徵求她的意見，而她則繼續低著頭默默流淚。他像是下定決心般的說：「她媽媽超級愛面子。」他轉過去看女朋友，女孩仍沒有任何表示，似乎不反對他繼續說下去。

他很氣憤的說：「她考上清大的時候，竟然被她媽罵『自己不要臉，還丟盡全家人的臉』。」我嚇了一大跳，清大還不滿意？這是什麼樣的家長？她用細微的聲音補充：「我表哥和表姐都是念台大的，我真的很丟臉。」

我終於明白她臉上那一層厚厚的粉，是為了要遮住自己的臉。我猜，這女孩的病應該不淺，其實應該已經要接受精神科的治療了。

我問她：「你缺幾個學分才能畢業？」「一科必修，三學分。其實也不一定，如果這學期過了就會沒事。」「怎麼說？」「上週剛考完期末考，我覺得考得很糟，大概會被當掉。」「會不會開暑修？」「不一定，通常兩年開一次，去年剛開過。」「這些事妳有沒有跟導師談過？」「沒有，我跟她不熟。」「是哪位老師？」她說了個名字，我剛好很熟。

「系裡的事我去跟妳導師談，想辦法看怎麼解決。但是，我希望能陪妳到諮商中心去談談，好不好？」「老師，我已經在精神科看病了，你覺得還需要去諮商中心嗎？」這樣最好，情況比我預料的稍好一點。「如果一邊吃藥一邊諮商，效果有可能會比較好。妳主動問妳的精神科醫師，看他的意見。有需要的話他會幫妳介紹合適的諮商師。」

我告訴她：「這段時間都不要讓妳家人知道發生什麼事，我會幫你們想辦法解決問題。」她點點頭。她男朋友插話說：「她從上週期末考以後就都睡不著。」

我問她：「妳會不會很焦慮？」「我現在很累。」看樣子她的心情似乎放輕鬆一點了。「不要擔心，有事就找我。」她又點點頭。我這才讓他們離開。

吃過午飯後，我去找女學生的導師，找了將近一個下午。她有兩堂課，又跑去實驗室跟研究生談了一個多小時。我找到她時已經快下班，很快的把情況挑重點講完。她想了一下說：「那一科的老師我不是很熟，不過總是同事，我又是導師，應該可以在他送成績以前知道結果。另外一個辦法是暑修，照慣例我們跟交大輪流開這一科的暑修，今年輪到他們，我去打聽一下。」

結果，她的學期成績五十六分，還好交大的暑修可以抵學分。我告訴她，暑修的事不要讓她家人知道：「跟你爸媽說，暑假要續繼幫教授做國科會的實驗，做完才能離開。」她男朋友說自己有積蓄，可以幫女朋友湊生活費，騙她家長說這是短期的有給職。這小男生真的很可愛，細心體貼，處處護著女朋友，這份情緣算是她不幸中的大幸。

我又建議她，一邊暑修一邊去應徵新竹科學園區的工作，不要計較待遇，有就好：「跟妳媽媽說新竹的工作有比較多的技術可以學，堅持留在新竹，不要回南部去工作。以後也少回家，直到把病治好再說。」

後來她順利通過暑修，也找到園區一個還不錯的工作。小情侶特地來跟我道別，她臉上的妝終於正常，服藥加上諮商的效果確實比較好。兩人期待著一年後男孩從電機所畢業，就要在新竹結婚，脫離那個壓迫她一輩子的家庭——其實壓迫她的也就只有她媽媽。

玩火自焚，焉不知痛

一個媽媽只顧自己的面子，而差點害死孩子，還勉強可以理解說：受害的不是她本人，只要她夠蠢，就可能不知道自己在傷害孩子。但是，如果一個人自己被虛榮心害到痛苦不堪，卻還不肯放下虛榮心，而堅持到變成嚴重的精神病患，那是不是更加教人難以理解？明明痛在自己身上，怎麼會沒有自覺？這才更像飛蛾撲火，自取滅亡。

一天，宿舍裡的鄰居過來串門子，跟我說了另一個跟虛榮心有關的故事。主角是他的碩士生，一路上都念資優班，高二結束後跳級進入清大的熱門科系，然後筆試進入碩士班。

「他來找我當指導教授時，眼神跟表情都有點怪，我猜他可能有精神方面的疾病，本來不想收；再想想，如果我不收，我們系上大概沒人敢收，就只好認了。兩年下來，修課成績普通，研究工作的進度卻嚴重落後。我認真跟他深談，才知道情況有多嚴重。」

我不是很清楚台灣資優班的遴選與教育過程，但是這些學生到了清大較熱門的科系後，表現越來越不出色，這並非新聞。尤其碩士班需要創造力，而大學部需要的是學習力，兩者差異很大，大學部成績不錯的學生到作論文時表現平平，這種個案也許不算太常見，但絕不罕見。

「你知道他有多誇張？他在高中資優班是班上第二名，跟第一名是死對頭，兩人從高一開始就明爭暗鬥的較輸贏。高二結束時，他跳級直升我們系，另一個同學申請跳級失敗，他得意得不得了。過了一年，他的同學考上台大電機，讓他忌妒到不行。為了證明自己比那同學厲害，就叫物理系四年級的哥哥出最難的題目來考他，然後日以繼夜想證明自己有拿諾貝爾獎的潛能。」哇！簡直是瘋了嘛！

「這樣搞了一年，人變得越來越怪，系上的成績也越來越差。成績越差，他越焦慮，卻不願意放棄證明自己天分的機會。就這樣，大三結束時，成績已經無法直升，只能勉強吊車尾候補進碩士班。」

「我本來還沒有想太多，只是看他研究成績太差，沒辦法在兩年內畢業，所以請他父母來商談。沒想到他媽媽卻告訴我一件令人無法置信的事。」「什麼事？」「他媽媽說每週來新竹看他一次，你知道她來幹嘛？」「洗衣服？」「幫他洗澡！你能想像嗎？幫他洗澡！一個二十五歲的男人竟然還讓媽洗澡！」

我想起憂鬱症的典型病徵就是不洗澡，但這個案例聽起更詭異，可能是比憂鬱症更難纏的精神疾病。「你有沒有想過，他可能有精神疾病？」「我知道，所以我勸他媽媽讓他讀三年，利用這段時間去找醫生治療，免得一畢業就要當兵，進了軍營，出不出得來沒人知道。」這故事發生在幾年前，當時男生要服兩年兵役。「他媽媽怎麼說？」「回去跟她先生商量後，勉強接受。」「現在我還得再帶他一年，真怕我會比他更早進精神病院。」

面對人生的抉擇，你必須先學會捨棄那些無用而有害的東西，譬如虛榮心和忌妒心，然後才可以開始盤算你要的是什麼，以及如何兼顧人生這道複選題。如果不先清除虛榮心和忌妒心這些有害的東西，不僅會傷害自己的孩子，甚至還會在不知不覺中傷害自己。

8

後悔是最無聊的事

★認真過完每一天，然後毫無罣礙的把它放下。你已經盡心盡力了，無疑的，其中必定潛藏著一些謬誤，盡快忘記它們。明天是嶄新的一天，讓它在平靜的心情裡展開，用高昂的興致甩開過去的蠢事（和悔恨）。

——愛默生

★人們喜歡細數自己的煩惱，卻從不去盤點自己的幸福。

——杜思妥也夫斯基

當一個人發現以前的決定錯誤時，常會有人笑他：「萬事皆因沒想到，千金難買早知道。」這句話常被用來勸勉人要在事前慎思，不要莽撞；不過，也有人把它想成：事前想清楚，事後就不會後悔。

事前慎思是值得鼓勵的，但是人真的有辦法思慮周全到絕不會做錯決定嗎？

我大學時有一位學長，他做事像在下圍棋，每一步都要鉅細靡遺考慮到所有可能的選項，以及可能的後果。而且，他像圍棋高手一樣，不是只算計下一步，而是竭盡心力的算計後續好幾步。

剛認識他的時候，我覺得他很有智慧，懇請他當我師父，每次有需要做決定的時候，就去請教他。可是練習久了，我開始有些疑惑。我為了擔心思慮不周而事前耗盡心血，常常搞得自己舉棋不定，甚至延遲過久，被迫在最後一刻倉促亂做決定。結果呢？有時候後果一塌糊塗，有時卻反而沒事。

如果我只花一半的時間去想最重要的大項目，而不去管細節與長遠的後果，會不會反而有更多的時間去執行，以及在執行過程中適時調整策略？這樣會不會比事前全部想清楚更符合人的實際能力，也反而比較有效率？

我懷著這個疑惑去他宿舍請教，他的室友卻跟我說：「他長期罹患焦慮症，上個禮拜惡化，有幻聽和幻覺，已經休學回家了。」我嚇出一身冷汗，從此不敢亂拜師學藝。

很多人想盡辦法要避免做錯決定，結果反而弄巧成拙。其實人都有能力的極限，和盲目、軟弱的時候，因此難免會犯錯，看不清未來，甚至陷入困境。所以，面對抉擇時，事前的慎思只能減少做錯決定的次數，卻無法使它絕不發生。既然如此，人就必須學會承擔抉擇的後果，而不做無意義的比較或反悔。人不是神，不可能預知未來；妄想做到絕對不犯錯，就是誤把自己當成了全知的神。

更何況，不同的選擇導向不同的收穫，而你只有在走過以後才會知道實際的收穫，既然你不可能知道另一種選擇將會導致什麼樣的收穫，又憑什麼認為另一個選擇可能會有較好的結果？

所以，後悔是沒有意義的。可惜，很多人就是不懂這個道理。譬如，我的一個高中同學。

假如當年我沒跟她分手

他很信任我，有女朋友一定會帶來見我，還跟女朋友說：「這是我最要好的朋友。」接下來，兩人吵架的時候一定會一起來找我評理。等他換女朋友，這整套程序又要從頭開始。我們大學同校，畢業後都仍住新竹，所以到他婚後一直有來往，我認識他所有的女朋友，一個都沒錯過。

有一天他來找我，那時他已結婚數年，剛生下第二個孩子。「你還記得小琪嗎？」「記得啊！你的初戀女友，皮膚有點黑，酒窩很甜，跟你在一起最久的那個。」「我很想念她。每次跟太太吵架，就會忍不住想：如果跟她結婚會有多好。」很多人都知道時間可以療癒傷痕，也連帶可以美化過去的戀情——傷痛都已過去，只留下美好的回憶，當然會覺得比剛剛吵過架的那個好啊。

我提醒他：「以前你跟小琪吵架的頻率可是非常高喔！」「那是因為年輕不懂事，如果現在還在一起，一定不會吵架。」「相信我，婚後一定比婚前更容易吵架。」「亂說！」

「就拿小琪為例吧，你們以前大概多久見一次面？」「兩三天吧？那時候讀高中，怕被爸媽念，約會不敢太勤。」「你想想看，兩三天見一次，還不敢讓爸媽知道，見面越難就會越珍惜；就算意見不合，有兩三天間隔，也比較容易消氣。現在跟太太天天見面，越來越稀鬆平常，就比較不會珍惜；反而天天見面，意見不合，吵過架後無處消氣，一直在心裡累積。所以，當夫妻一定比較難，當情侶一定比較容易。」我看他的表情，氣還在，好像沒有真的聽進去。

「再說吧，你商場上歷練夠多了，應該了解人家說的『兄弟和好友都不該合夥做生意』，對吧？」「對啊，人的價值觀總有些地方不一樣，卻被逼著要為公司的重大決策而彼此遷就，甚至做出違背自己理念的決定，久了一定會有摩擦和積怨。」「夫妻也一樣啊。情侶要共同決定的都是無關緊要的事，去哪裡玩、吃哪一家店、看哪一場電影。夫妻呢，經常要面對很難彼此遷就的重大決定：要不要換工作、要不要住婆家、要租屋還是咬緊牙關買房子？要不要生第二個小孩、中秋節要回娘家還是婆家？婚姻制度就是在逼兩個成長背景不同、價值觀也不同的人事事要做出共同的決定，承擔共同的後果；這樣處處彼此遷就，經年下來能不積怨、衝突嗎？」

他想一想，忍俊不禁：「仔細想想，夫妻要做的共同決定好像還真比商場的合夥人更多。」「對！而且衝突更密集，可以溝通的時間卻更少。還有，面對合夥人，有敏感的話題要談時，你會先想好商談的策略，以及妥協的底線；跟太太談，一想到她會有什麼反對意見，你就已經一肚子火，話題打開就沒好脾氣，當然惹來她的反擊。你說，夫妻是不是比當合夥人更難？」

他半晌沒說話，似乎有聽進去，我就試著再加碼：「拿小琪來跟你太太比，其實沒有任何意義。」「為什麼？」「她早就結婚有小孩了，根本就不是你可以考慮的選項。再說，你哪知道她現在的性情和價值觀改變了多少，憑什麼認定一個要擔心全家現實問題的少婦，跟八年前那個高三的純情少女一樣？」「啊！她什麼時候結婚的？」「比你早。」「我怎麼不知道？」「你不是新郎，當然不知道。」

我心裡想，怎麼可能那麼蠢？哪有結婚那天請初戀男友出席的？難不成要打翻新郎的醋罈？

拿初戀女友來跟太太比，然後悔恨當年沒有珍惜，這是最不智又最無聊的事，根本就是用不存在的選項折磨自己。人生是不可逆的，不可能走回頭路，當年被你捨棄的選項，就永遠留在過去，和你的未來沒有任何關係。就算你哪天突然遇到十幾年前分手的情人，她也已經不是分手時的那個人，也許更體貼、姿色更怡人；也許被現實折磨得內外都不成人形，更別說她的處境早已迥異於十幾年前——她有自己的孩子要照顧，有自己的房貸要償還，而你們追求的人生目標也早已和十幾年前完全不一樣。

就算你們坐下來好好談別後的種種，她有她十幾年的悲喜恩怨，你有你十幾年的浮浮沉沉，沒有生活在一起就不可能彼此了解。看著這一條難以跨越的鴻溝，你就會了解：你們已經猶如陌生人，只是比陌生人多了一分模糊的舊情而已。

不同的樹，結不同的果，沒必要比大小

其實，不同的決定，導致不同的結果，根本沒有什麼好比較的。就以感情和婚姻為例，所有的親密關係都會有壓力、有摩擦，換個對象只不過壓力和摩擦的

表面方式不一樣而已，卻改不了必然會有壓力和摩擦這個事實。

試想，親子之間彼此會不會有壓力和摩擦？一定有！為什麼？因為你在意對方的看法。有一天我在路上遇到一個朋友的兒子，嘟著嘴，好像很沮喪。我問他怎麼回事。「同學邀我一起騎腳踏車去環島，我很想去，但是媽絕對不會答應。」這個孩子獨立性強，又有主張、敢冒險，爸媽其實都常常替他捏一把冷汗，只是爸爸忍得住不說出口，媽媽卻整天皺眉頭，苦著一張臉，即使不說大家也都知道她心裡在想什麼。「媽媽真的讓我很頭痛，她會擔心到每天睡不好，有車禍報導就緊張得打手機到處找我。有這種媽媽，我真的不知道這輩子要放棄多少東西。」

彼此關心必然彼此遷就，遷就會有不開心的時候，避免不了產生甜蜜的負擔。夫妻的關係又比親子關係更緊張，孩子小的時候不懂事，說也沒用，所以爸媽習慣遷就孩子，再怎麼生氣，氣消了以後比較不會去記帳。夫妻或情侶是平等關係，氣過之後往往會在心裡記下這筆帳，日積月累，有時候小小一件事就可以勾起新仇舊恨，一古腦兒全部一起發洩。被罵的人當然不服氣，「我就算有錯，也沒什麼大不了的，憑什麼對我發這麼大的脾氣，難道我又惹到你哪一條神經？」夫妻經常處於這樣的情境下，哪能永遠不吵架？

要說夫妻不吵架，我聽過一種情況。某人家裡，電話鈴聲響起，媽媽邊看電視邊拿起話筒，聽了一下就把話筒挪給右手邊的兒子：「哪，你爸的電話。」兒子站起來，把無線話筒拿到媽的左側說：「爸，你的電話。」夫妻位置相鄰，但是兩人早已不講話，所以也不再吵架了。

我還記得這位高中同學為什麼跟他的初戀女友分手：小琪外柔內剛，有想法一定堅持到底，很難改變，但是外表柔順，別人不容易察覺她的不開心；等到委屈累積夠多，就只會掉淚而什麼都不說。我這同學是個粗線條，你不說出口的他一概不知道，要他猜他也猜不著。沒辦法時就帶個淚人兒來找我，要不然就是拜託我去問明白。但是，女朋友的委屈老是要找同學當通譯，別說他覺得不是滋味，我更是不自在。他覺得兩個人這樣一輩子不是辦法，才狠下心來跟她分手。

他剛跟太太戀愛的時候，最愛的就是她爽朗，有事立即說出口，他什麼都不用猜，互動起來單純得多。現在呢，卻常嫌太太不夠溫柔，不會多替他著想，什麼事情不高興，絕不會忍氣吞聲。

我不是整天跟在他們身邊，到底他太太比較好相處，還是小琪比較好相處，我不知道。不過，跟不同的人結婚就是有不同的氣受，但是也有不同的甜蜜和值得回憶的經歷，比來比去實在沒有什麼意義。

齊克果（Søren Kierkegaard，一八一三—一八五五）說：「人生總是回顧的時候才看得懂，卻只能（面對未知）往前活。」既然如此，不需要為你當時的決定是對或錯而糾纏、懊惱，重要的是面對當前的處境，帶著過去學會的教訓，積極活向未來。懊惱、悔恨根本就是浪費時間和心力，更何況，你怎知另一個選擇真的就會比較好？

Part 2

第二部

職場不變，顛覆傳統生涯觀念

傳統的職場以製造業為主，因而學校的教育也以跟IQ有關的能力為主。但是服務業崛起，提供了七成的就業機會，六成的產值，以及各種創新與創業的機會。可惜，學校教育與這趨勢嚴重脫節，仍舊沒有在培養服務業所需要的人際互動能力；製造業創新的原動力已經從技術導向轉為「使用者需求」導向，理工學院卻還是普遍不關心學生的人文素養，以及同理心的培養。

此外，在網路無遠弗屆的時代裡，最需要的不是狹隘而精確的知識，而是跨領域搜尋、閱讀、分析、批判、整合、活用、創新的能力，但是許多年輕人卻被升學競爭培養出謹小慎微，唯恐犯錯的個性，甚至被淹沒在沒必要的過度練習和記憶裡，使得教育變成扼殺創意的禍首。

當產業結構與職場競爭模式都已經丕變，而且知識取得的管道和應用模式也都丕變時，你需要的是全新的學習目標與態度，以及全新的生涯發展觀念。

9 你需要全新的職場概念

★每個人都必須竭力掙脫族人的擺布與壓制。如果你試著這麼做，經常會感到孤獨，時而感到害怕。但是為了爭取到「擁有自己」這項特權，一切代價都是值得的。

——尼采（Nietzsche，1844-1869）

★成為你自己，活出你潛在的所有可能，這是人生唯一目的。

——史蒂文森（Robert L. Stevenson，1850-1894）

四年級這個世代的台灣是製造業掛帥的時代，所以我們在學生時代特別重視與製造業密切相關的英數理化等科目。現在，服務業的產值已經超過台灣總產值的六成，也提供了七成的就業機會。產業歷經了這麼巨大的轉變，很多父母和年輕人對生涯與功課的想法卻還停留在過去，只看得到IQ和英數理化的重要性，而看不見EQ和服務業相關能力的重要。

不僅如此，現在的學生明明有七成將會到服務業就業，但是整個中小學的教育體系卻還是沿承過去的教材與教法，與服務業的需要嚴重脫節；即使是大學，絕大部分科系還是渾然未覺察到自己需要做怎樣的轉變。譬如，醫學院雖已開始提倡醫學人文，但很多老師和學生仍舊沒有充分理解「以使用者為中心」的思考模式，工學院和資電學院更鮮少有人知道IDEO的創新模式和學生的未來有何關係。

服務業崛起，顛覆傳統職場形象

服務業的崛起，不僅意味著產值和就業人數的增加，更重要的是它的形象與社會地位也在持續提升，使得年輕人可以有比我們這一代更多元的生涯選擇。因為，服務業已經不再只是侍候別人的卑微職業，而是可以靠創意與文化內涵取勝的新興行業。樂沐法式創意料理的創辦人陳嵐舒，就是新時代服務業的典型之一。

二〇一三年春天，台大外文系畢業的陳嵐舒受邀參與了全球最頂級的法式料理盛宴，地點在泰晤士河畔，入座嘉賓每人收費六百五十英鎊（超過三萬台幣），由陳嵐舒和另外四十五位全球最頂尖的法式料理大師掌廚。在這場盛會裡，主廚是頂級法式餐飲文化、廚藝與創意的代言人，社會地位猶如國際時裝界的大師。

不僅如此，二〇一二年底，亞洲餐飲集團業者斥資上億，在台北信義區打造一家餐飲娛樂空間「格蘭公園」，占地四百坪，以美食、名酒、生蠔吧、酒吧、現場音樂表演等七大主題為訴求，其中最關鍵的「美食區」就是請陳嵐舒主持，並且給她技術股。

台灣社會徹底改變了。以前只有理工學院的頂級人才有機會拿到出資者給的技術股；現在，創新的廚藝與精緻的飲食文化也可以換技術股。以前只有窮苦人家的孩子會去當學徒，但是社會多元化了，台大外文系畢業的富家千金也有可能立志當主廚，而且憑著她的文學涵養與創意，讓餐廳主廚變成一種富有創意與文化深度的角色，使「主廚」的成就感和社會地位攀升到可以跟任何行業平起平坐的高度。

但是，陳嵐舒並非最早打破傳統服務業形象的人，在她之前還有誠品書店的吳清友。

傳統書店老闆能有什麼出頭？我的高中同學家裡開書店，新竹鬧區裡最大的一家，三層樓的店面，賣課外書也賣參考書和文具，生意做很大，比隔壁的銀樓更有錢，但是不會有人稱他們為企業家，沒人覺得他們有什麼特別的社會地位。

但是，誠品書店的吳清友徹底改變了書店老闆的社會形象，他是台灣第一個文化產業與精英品味的代言人。現在誠品如同她的英文名字「Elite」，已經從「有品味的精英書店」蛻變成「精品通路商」。誠品的營業規模有多大？二〇一一年突破百億，到訪人次達到一億兩千萬人。這是多大的規模呢？以代表精密機械的工具機業為例，年度營收百億就可以進入全球前五十大廠家。台北工專機械科畢業的吳清友沒有在機械業闖出名號，卻在轉行經營書店後成為台灣的名人。

陳嵐舒和吳清友並非例外，台灣的各種行業有越來越多人靠創意與創新賺錢，而不再是賣血汗或低階的技術。台灣東凌公司的「黃色小鴨」系列嬰兒用品就是從單純的製造轉型為以品牌和創意設計為經營核心的「製造業服務化」，而且台灣許多競爭力較強的服務業也紛紛在大陸屢創佳績。

將各種零星的個案加總起來，會讓我們看到服務業的形象大翻身，從過去的「萬般皆下品，惟有讀書高」，變成「三百六十行，行行出狀元」。年輕人不管選擇哪個行業，都不用再怕被人看不起，也使得「適性發展」這個教育理念有了腳踏實地的現實感。

從惟有讀書高到行行出狀元

以前的人為什麼把「行行出狀元」當口號，而只相信「惟有讀書高」？因為所有行業的社會地位都遠低於讀書人。試著想像一個農業時代的頂尖木匠，他可能會聲名遠播而被京城裡的王爺延聘建造王府，吃穿受用不盡；但是地位再高仍不過是個工匠，頂多被稱呼一聲「王師傅」；進出王爺府時，還是得跟著下人走側門。

讀書人可就大大不同，只要略通四書、五經，再不濟也可以當個村塾老師，在村裡人人敬重；如果略有筆墨，考上個秀才，就可以到大戶人家當西席，縣太爺見了也得待之以禮；若有幸中個舉人，就可以跟縣太爺平起平坐，風光得不得了；要真考上進士，皇帝賜匾掛在門廊上，榮宗耀祖，還可以庇蔭好幾代的子孫。這樣的時代裡，確實「萬般皆下品，惟有讀書高」。

即使到我們這個世代，年輕的時候，局勢依然沒有太大的變化。讀書人可以當老師、律師、會計師、工程師、教授，乃至入閣；其他行業照樣只有兩種人：師傅和學徒。和讀書人比起來，其他行業都像是頭上有個玻璃天花板擋著，社會地位怎麼都上不去。在那樣的時代裡，鼓勵學生適性發展等於是在害人。

但是，經濟的發達使得服務業的產品等級分化得越來越多層，而金字塔頂端的服務業也擁有越來越多的文化內涵與創意，使得服務業最頂尖的人才社會地位一再提升，足以跟其他產業平起平坐。

我國小時，麵包只有一種等級——在那個物資貧乏的年代，麵包就已經是奢侈品了，還有誰會去計較麵包的種類和口味？等我大學畢業，麵包多了一種等級：西餐廳的麵包。當我留學回國時，最頂級的麵包來自五星級飯店附設的西點門市。吳寶春的出現，為麵包增加第四個等級：世界冠軍的麵包。

現在服務業不再只是賣勞力，賣匠工級的技術，還賣品味創意和文化內涵。工作內涵的提升，使得服務業的形象跟著提升。反之，製造業的創意一直被跨國企業的專利地雷封鎖，沒有發揮的餘地，只能拚著爆肝去賺血汗錢。無怪乎，二〇一三年的雜誌社調查，年輕人最愛的十大企業裡，台積電排名第七，其他全是服務業。

百業爭鳴，不須再削足適履

在這樣百業爭鳴的職場圖像下，年輕人有更多適性發展的機會，更敢於去嘗試自己想要的生涯和人生。政大博士生宋耿郎因為脾氣太差，太太氣到帶著三個孩子跟他離婚。覺悟到自己的問題後，他放棄出路渺茫的學位和自己不喜歡的助教工作，想用服務業磨練自己的脾氣，希望從盛氣凌人的資優生變成帶給消費者快樂的人，因而他去創業賣雞排，並且很快開了分店。有不少園區工程師賺到開業的資金後，辭職到風景秀麗的地方去開民宿、餐廳，追求自己想要的生活。

服務業的熱鬧景況讓喜歡接觸人、擅長接觸人，ＥＱ遠勝於ＩＱ的人都有了全新的發展機會，而不需要像過去那樣削足適履擠進製造業。如果你不喜歡英數理化，可以選與人有關的科系：設計、觀光休旅、人類學、社會學、心理學。

不過，這並不意味著製造業將從此沒落，必須避之唯恐不及。

製造業的平均所得還是略高於服務業，萎縮的是就業人口。更精確的說，是舊的工作機會在持續流失，而新的工作機會在持續誕生。

舊的工作機會在持續流失，有四個主要原因：自動化的持續發展，使得製造業需要的人力減少。大陸等新興國家的競爭，使技術層級較低的工作持續流失。台灣產業需求量很小的生物與奈微米等尖端科技人才供應過剩，產業界需要的精密機械等人才卻供應不足。學術界被五年五百億、國科會計畫和升等制度扭曲，以致教學與研究都跟產業界的需求嚴重脫節，造成教育資源的盲目投資與浪費。

但是，在被大家忽略的角落裡，有些傳統產業卻成功跨越技術升級的瓶頸而璀璨發亮。上市公司股價前十名中，第一名的大立光是做光學鏡頭，第四名的川湖是做精密滑軌，第七名的裕日車是做汽車，第十名的可成是做鎂合金壓鑄，都是精益求精的傳統精密機械產業，而不是噱頭十足的奈微米科技；而且，只有第二名的聯發科和第九名的華碩是資電學院的相關產業。結果，高中畢業生的第一志願卻是資電學院，機械系反而差點在工學院墊底。

代工產業曾是過去的明星，如今變成五大慘業，但是資電學院不會沒有未來。找到利基市場的許多小公司，都可以不被跨國公司的專利封鎖，在未來崛起。因為，台灣的IT產業擁有讓人刮目相看的競爭力，在《經濟學人》二〇一一年的全球競爭力報告中，排名全球IT產業第十三，在亞洲僅次於新加坡，勝過第十六名的日本，和並居第十九名的香港、南韓。而且，研發環境排名高居全球第三，僅次於美國和以色列，而人力素質則排名第八。

此外，台灣總體的競爭力並沒有消失。在瑞士洛桑管理學院的二〇一三年全球競爭力排名中，台灣位居全球第十一，在亞太地區只輸給香港和新加坡，遙遙領先第二十一名和第二十二名的中國大陸與南韓。在「世界經濟論壇」的全球競爭力報告中，台灣排名全球第十二，在亞洲只輸給新加坡、香港和日本，遙遙領先第二十五名的南韓，和第二十九名的中國大陸。只不過新的產業還沒有完全發揮實力，不足以創造足夠的工作機會，來彌補舊產業中消失的職缺。

面對這個產業大幅變遷的事實，年輕人必須了解國內產業的變化趨勢，以便慎選生涯發展方向，而不能人云亦云。今天工作機會越來越多元，競爭越來越激烈，在這背景下，「適性發展」不僅具有現實基礎，更可以發揮「以己之長攻人之短」的優勢，是值得積極考慮的生涯發展策略。

10

I型、T型與π型人的迷思

★除非是眾人的無私合作，否則有價值的事都將無法被完成。

——愛因斯坦（Albert Einstein，1879-1955）

★教育必須提供自我實現的機會。最理想的情況下，教育可以提供豐富而具挑戰的環境，讓每個人以他自己的方式去探索。

——喬姆斯基（Noam Chomsky，1928-）

學生時代對未來的恐慌與困擾，其實源自於不了解職場實況；加上雜誌與網路的資訊不精準或扭曲，使得很多人陷入沒必要的恐懼，掌握不到抉擇的重點。「I型人」、「T型人」與「π型人」的迷思就是一個典型的例子。

網路上有人說，現在企業要的是專精又博通的「T型人」，「I型人」在產業變遷的過程中很容易失業。還有人說，「T型人」已經不能跟上時代的需要，現在要的是既能博通又至少有兩樣專精的「π型人」（又稱「木屐型人」）。

一個學生滿懷困惑的問我：「當I型人都已經很難了，如果再分出一大部分心力去學另一個科系的專長，會不會弄巧成拙，本業也不精，兼業也不行，做什麼都遠不如人？」這質疑確實很有道理。

一個人的精力有限，專注於一個行業所能達到的專業深度，一定超過一心二用的「T型人」和「π型人」，所以絕大部分的企業都是根據福特汽車的生產方式精細分工，絕大部分的工作崗位都有明確的職司和專長，很適合「I型人」。不過，為了橫向的聯繫以及跨領域的腦力激盪，企業也需要一些「T型人」和很少的「π型人」。

所以，三種人都有它各自在企業中扮演的角色與功能，沒有誰能取代誰或排擠誰。而年輕人在選擇自己的軌道時，最好是以自己的興趣與特質為根據，不需要被網路的傳言或雜誌的議題炒作而嚇得失去信心。

另一方面，網路上關於「T型人」的定義不夠精準，太強調技術，而過度忽略態度，反而失去「T型人」的核心精神。也是因為沒抓住這個核心精神，所以過分強調「π型人」的重要性。

T型人的天堂

位於矽谷的IDEO公司是最早提倡「T型人」概念的公司，也成功發揮「T型人」組織特色，成為全球最頂尖的創意公司。它集結了數百位全球的頂尖人才，純粹販賣創意與美感而非勞力，合作的小組成員是各領域的頂尖人才（資電工程師、機械工程師、設計師、人類學家、心理學家、消費趨勢分析師等），工作方式是一群人跨領域腦力激盪，而不是一個人埋頭苦幹。

它的辦公室像大學時代的社團辦公室，或是設計學院的實驗工廠那樣自由，天花板上懸吊著他們過去最得意的作品，到處有人在為新的創意構想製作簡單或精準的模型。他們要解決的是生活現場的高科技或非科技問題，有趣、變化多端又富有挑戰性，而非被上、下游客戶截頭去尾的製造問題、技術問題，日復一日重複著壓低成本、苛扣價錢的無聊遊戲。

它常被稱為「全球最知名的設計公司」，創立才二十三年卻已躋身「歷史上得到最多設計大獎的公司之一」，客戶遍及電腦業、醫療用品業、汽車業、辦公室家具業和玩具業等。

總之，他們的工作比學生時代的社團活動更刺激、更有趣、更專業、更有創意、更有成就感，因而有員工放棄大學的教職，寧可留在這裡。

IDEO對「T型人」的見解獨具卓見，徵才時強調的不是應徵者的技術廣度，而是他們的發展潛力與人格特質：(1)對別的專長領域充滿好奇與興趣，甚至真的願意去了解、去學習；(2)跟別人合作的過程中，會注意到別人的貢獻，而不會自我中心，只看到自己的貢獻；(3)願意從別人的角度看問題，切身感受別人的需要，而不會固執己見。

有第一項特質就會逐漸發展出跨領域的橫向專長，而且這項特質遠比擁有現成技術更可貴，因為它可以持續維持一個人橫向學習的熱情和動力。反之，有些學生的成績出色，是因為他們安於在既定的狹小學科藩籬內學習，對其他領域的知識沒有好奇心與興趣；這樣的人，在「T型人」的生涯發展上欠缺積極的動力與熱情，未來的發展潛力反而受到侷限。

第二項特質的要求更是高明，也剛好擊中台灣許多高科技公司的痛處。我們的頂尖人才經常氣量狹小，只看得到自己的貢獻，看不到別人的貢獻，以致造成管理上頭痛的問題，甚至對公司造成嚴重的傷害。

被一流人才搞垮的公司

曾有一家高科技公司請我當顧問，要我協助了解一個怪現象，並加以解決。這家公司每次發完績效獎金或年終獎金之後，一定會有重要幹部離職，跳槽到競爭對手公司，造成他們的競爭力嚴重衰退。

我設法跟在職以及離職的重要幹部懇談，除了發現一些未上軌道的管理問題之外，更嚴重的是，明星學校的畢業生愛比輸贏，醋勁強又不服輸，每次發了獎金都會偷偷打聽，知道有人拿得比自己多就不服氣：「他的貢獻遠遠不如我，憑什麼獎金比我多，升遷比我快？」一火大就走人。有些人到了新公司還不改這性情，被新公司發現後就加速吸收他的技術，然後將他冷落，或乾脆解職。結果對自己和舊公司都沒有好處。

因為這種現象對公司傷害太大，所以台灣的老闆才不喜歡專業能力強而過分自負的頂尖大學畢業生，寧可用配合度與穩定度都高，而能力足以勝任的成大或私立大學畢業生。歷年來雜誌的調查也一再顯示，企業對新進員工最重視的四大能力是學習意願與可塑性、穩定度與抗壓性、專業知識與技術，以及團隊合作——畢業時的專業知識與技術並不是首要考慮的因素。

IDEO 的解決辦法比較聰明：他們先挑出那些會主動看見別人的貢獻的人，再從中挑出能力較好的人才，這樣就可以避免管理上的問題，又可以找到夠好的人才，一起發揮 IDEO 最厲害的腦力激盪文化。

大家都知道腦力激盪是一個公司創新、突破的最重要關鍵，因為「三個臭皮匠勝過一個諸葛亮」。但是台灣人鮮少掌握到其中的門道，以致腦力激盪經常變成閒聊，甚至演變成相互攻訐。

IDEO 的腦力激盪有六大守則，包括不要急著對別人的想法下定論，積極評估看似瘋狂的想法，針對夥伴的想法加入自己可以貢獻的創意，使得團隊的創意越疊加越精彩而具有市場的震撼力。但是，要落實前述幾項原則，需要參與討論的人都有能力跳出自己看問題的角度，從別人的角度看問題，看出別人想法中的創意與啟發，並在這基礎上加入自己的創意。所以「跳出成見，從別人的角度看問題」和「看見別人的創意與貢獻」這兩項特質，都是未來腦力激盪中不可或缺的能力或人格特質。

試想，如果 IDEO 的新人都具有前述三大特質，且都能落實腦力激盪的守則，「I型人」是不是遲早會變成「T型人」？如果一個公司裡都是「T型人」，而且能夠有效的利用腦力激盪進行跨領域合作，那麼還需要「π型人」嗎？

要命的英雄主義

其實，台灣人在討論「I型人」、「T型人」和「π型人」時，經常還是掉入英雄主義與單打獨鬥的陷阱，想要當全知的英雄，享受領導別人的威風和成就感，而不是透過無私的團隊精神與腦力激盪，共同追求集體智慧的極致表現。就是因為欠缺好的團隊文化，所以台灣人才會在職場上累得要死，卻表現平庸——以一個人的才智，想要贏過國外一整個團隊的智慧，當然是妄想。

不過，無論是台灣或美國，人力市場上供應最充沛的還是「I型人」與「I型人」。連IDEO條件這麼好且這麼重視「T型人」的公司，也說他們只能招聘剛畢業的「I型人」，然後在自己公司裡將他們培養成「T型人」。

能專精又能博通的「T型人」應該被當作職場上長期發展的夢想，而不是職場新鮮人必須擁有的基本能力。有心往「T型人」道路發展的人，在學期間可以先顧好本業，並且通過通識課程建立跨領域溝通的基本能力；行有餘力，才通過輔系與雙學位發展進一步的橫向溝通能力。

此外，同等重要或更重要的，是利用社團活動以及修課期間的小組專題研究等機會，學習跟不同學科領域的人合作，學著從別人的角度看問題，學著看見別人的優點與創意，學著在別人的創意上面疊加自己的創意，學著不跟人計較輸贏和得失，學著融入團隊，而不是當英雄、爭領先，要聰明、要威風。

至於那些不想修輔系或雙學位的人，以及那些熱愛本科系學問的人，只要有與人合作的開放心態，以及基本的橫向溝通能力，還是可以安心的往「I型人」方向發展。畢竟，全世界像 IDEO 這樣只生產創意而不管製造的公司非常稀有，即使在美國也不多見。因此，絕大部分的企業還是無法完全擺脫福特式生產的精細分工制度，也同時需要「T型人」和「I型人」。所以，那些無法融入 IDEO 的「I型人」，離職後也都找得到適合自己的去處。

其實，在以市場經濟為主的社會裡，只要你是人才，不管你是哪一種，都會有老闆想要好好利用你的才幹。也許十個老闆裡頭只有一個看得見你的用處，但你也只需要一個老闆而已。

「I型人」、「T型人」與「π型人」，你該成為哪種人？其實三種都可以，符合自己的興趣與能力最要緊。因為如果違背自己的興趣與能力，註定無法持續發展下去，還可能會畫虎不成反類犬。

11 你怎麼知道該選什麼？

★人生總是回顧的時候才看得懂，卻只能（面對未知）往前活。

——齊克果

★不患無位，患所以立；不患莫己知，求為可知也。

——孔子

很多學生問我：「你年輕的時候怎麼會知道自己應該要選擇什麼？」這句話背後的問題經常是：「你高中時怎麼會知道自己喜歡什麼科系？你學生時代怎麼知道畢業後會不會後悔？」

根據調查，大一新生中約有三分之一認為自己選錯系。學者因而呼籲：不要盲目跟隨潮流，要根據自己的興趣和能力選科系。但是人力銀行的調查卻顯示，高達六成的職場新鮮人找工作不順利，因而後悔當初大學科系的選擇；假如有機會重來，他們會以就業難易度為填志願的首要考量，而不是根據興趣或科系的分數排名來決定。做錯選擇是非常普遍的事，因為它有很難避免的理由。

人生就是冒險，試過才知滋味

生涯規劃的困難，就是在面對不可知的未來進行抉擇。它很像是一趟異國的美食冒險之旅，只有吃過才知道你會不會後悔。

有一次我跟家人去日本旅遊，很想避開觀光客去的餐廳，品味一下當地人最熱門的特色料理。我們離開了車站和觀光地點，找到一家網路上介紹的知名餐廳，跟著一群日本人排在人龍裡。將近十二點而已，附近辦公室的人應該還沒下班，就已經有許多日本人排隊，而且只有一張洋面孔，想必是廚藝遠近馳名。我們用手抄的三十句旅遊經典日語要到一張四個人的桌位，服務生端來茶水和菜單，最困難的猜謎遊戲就此開始。

菜單上全是日文，偶然間雜漢字，勉強知道揚物是炸的、鍋物是火鍋、定食是套餐，其他絕大部分都靠稀稀落落的漢字去猜；至於份量與口味，更是完全憑臆測。我們四大口共點了六道菜，上菜以後兩道菜令人喜出望外，四道完全猜錯，其中一道太酸，一道加了黏黏稠稠的納豆沒人敢吃，另外兩道菜確實別有風味。

我們快樂的吃了四道菜，另外兩道各勉強吃了一半，結果還有人沒吃飽。我們不敢再冒險，跑到火車站買了一個看得見內容物的便當分著吃，結束了這一趟日式料理冒險之旅。不過，沒有人後悔：不冒險，就不可能有驚喜，生活將永遠都在重複你早已過度熟悉而漸感乏味的一切。

還有一次去南法的馬賽，菜單全是法文，服務生沒有一個會講英文。我們早就聽說馬賽的雜魚湯往往腥臭難聞，台灣人不習慣，所以避之唯恐不及。但是太太和女兒沒湯就吃不下飯，所以我們點了四道菜和兩道湯，希望其中至少有一道不是雜魚湯，而我跟兒子則點了啤酒而沒點湯。

結果上菜之後有兩道看起來像生肉做的料理，全家人拒吃；兩道湯都很腥臭，像是我們一直想要避開的雜魚湯，沒人願意分享。那一餐我最可憐，硬是吞下兩道菜和兩道湯，只因為我從小被祖母訓練過：能吃的東西絕不能倒掉。可是，為了體驗各國飲食文化的差異，我仍舊願意冒險，只是更加步步為營。

其實，從高中選組、大學選系，到碩士班選組別、指導教授與碩士論文題目，都跟上面的經驗非常相像——都是面對著不可知的未來，憑著有限的資訊和了解，在無限的想像空間裡進行近乎冒險的「抉擇」。怎麼辦？摸著石頭過河！

生涯發展原本就是冒險，連聰明絕頂的賈伯斯（Steve Jobs，一九五五—二○一一）也避不開這個事實。他曾說自己運氣很好，年輕時候就知道愛做什麼。不過，他也曾迷惘過。

十八歲那年，他為了替養父母省錢而從大學休學，「那時候，我不知道這輩子要幹什麼，也不知道念大學對我有什麼幫助」。之後他在大學校園旁聽了一年多，十九歲時去一家電玩設計公司工作了幾個月，就辭職去印度尋找「精神上的啟蒙」，還一度想要住在日本禪寺裡。直到二十歲創立蘋果電腦，才比較確定自己要幹這一行。

所以，賈伯斯應邀在史丹佛大學的畢業典禮演講時，他強調的不是「我很幸運」，而是人生要勇於冒險：「你無法預知生命中點點滴滴的際遇，將來會如何串在一起；唯有走過之後，你才會知道要如何串連它們。所以你必須相信，這些零零碎碎累積起來的經驗與能力，將來總是有辦法把它們串接在一起。」

這不是一種盲目的相信，而是賈伯斯的產業嗅覺和人生經驗的總結。所以他還是建議學生，面對不可知的未來，要勇敢的憑直覺和自己的愛好去學習、發展和冒險：「你們的時間有限，不要浪費時間去照別人的意思過活。」「別讓別人的意見淹沒了你內在的心聲。最重要的是，要勇於聽從你的內心和直覺，它們多少知道你真正想要成為什麼樣的人。」

賈伯斯的建議其實很務實，只要勇敢的憑直覺去探索、學習，歷練多了，興趣就會越來越廣，也可以培養出一些擅長的能力。興趣與能力越多元，進入職場後越容易把它們跟工作串在一起。如果你患得患失，一心只想「選對跑道，省十年冤枉路」，反而可能因此畏首畏尾不敢嘗試，以至於只有狹隘的能力和興趣，甚至根本沒有值得你去串接的興趣與能力。

其實，事情還比他說的更簡單：只要你認真培養出各種能力，並且願意積極上網發求職信，勤跑面試，用人單位自然會去思索要如何串連你的能力，而不需要你自己絞盡腦汁。在這個人力市場多元化且資訊發達的時代裡，「有什麼能力」比「這些能力有什麼用」更值得你關心。

五十個大學同學，五十種職場軌跡

偏偏網路上的言論經常以訛傳訛，或者造謠恫嚇，充滿「想當然耳」的謬誤，而引起很多年輕人沒必要的恐慌。譬如很多人盛傳：「大學的科系，決定你的第一個工作，第一個工作決定你的第二個工作，想換第三個工作時已經有家累，從此人生不敢輕易變動。所以，大學念什麼科系很可能會決定你的一生。」這話聽起來言之成理，其實完全違背事實。

任何一個大學科系的校友，畢業三十年後，五十個人有五十種際遇。我大學讀機械系，同學中有人賣保險，有人在房地產業，有人開補習班，有人念了學士後醫學系，有人在大陸製造溫度計，有人在電機系教書，而我的研究橫跨機械、電機和資訊。

物理系校友更誇張，有人在生物系任教，有人在研究歷史，有人拿到社會學博士，有人是創投業總經理，反而留在物理系的是極少數。此外，理工學院的大部分課程都要用到相當深的大學數學，但是畢業後至少四分之三的人只用得到高中數學。因此，用「一個蘿蔔一個坑」的刻板印象來理解大學科系與職場的關係，是極端謬誤的。

其實，大學的科系雖然有專業分工的色彩，但是它更強調基礎學理與靈活運用的能力，為的是讓畢業生能夠適應各種產業不同的需要。此外，不同科系之間有很多學科是緊密相關，或者很容易旁通的，因此轉行、換軌不見得很困難，也很少會浪費過去的所學。

譬如，我退休前的研究題目一籮筐，背後的核心理論只有一項。我最精通的是控制理論，它在航空工業和軋鋼工業都有很多應用的機會；但是控制理論和電機系的訊號處理、影像處理關係緊密，所以我也旁通了訊號處理和影像處理的技術，將它應用在汽車自動導航、人臉識別、電路板瑕疵檢測。後來，我利用訊號處理的底子去吸收了醫學界三次元斷層掃描的技術，把它用來開發電路板上面的三次元焊點瑕疵檢測。

從外行人的角度看起來，這些研究領域跨越機械、電機與資訊，而產業類別差距更遙遠。其實他們的核心原理都一樣，就是緊密相關的控制理論和訊號處理。

所以，大二想要在同一個學院內轉系的話，通常需要補修的學分不多；大三轉學院的話可能需要降轉，但是也可以用輔系或雙學位的方式準備第二個跑道。還有很多熱門的研究所碩士班樂於接受其他科系畢業生，因此後悔的時候還有很多換跑道的方式和機會。

面對選組、選系、選研究所的抉擇時，盡力就可以了，不需要太焦慮。只要摸著石頭過河，隨時調整方向，學習新的技能，就應該不會有什麼好後悔的。

沒有無用的興趣和能力

現在的產業競爭激烈，為求凸顯獨家特色，企業界都積極在吸收其他產業、領域的技術、專長與經營理念。全世界最著名的創意設計公司 IDEO 把人類學家、心理學家和工程師編在同一個工作小組，希望用跨領域的對話突破過去思考的盲點。在這樣的產業發展趨勢下，有多項專長或跨領域深度對話的「T型人」變得越來越吃香。因此，換軌道不必然意味著過去的心血和時間都白費，反而意味著在新軌道上的個人特色和加值。

既然一個人所有的能力，都有機會在工作上派上用場，就沒有任何學習過程會是「枉費」的。

不只這樣，當產業拚命在求新求變時，它的員工也不可能固守過去的專長，而不跟隨產業的變遷去學習新的職場技能。既然大家都必須隨著產業的變遷而自願或被迫改變或調整方向，大家都是不同程度的摸石頭過河，以變應變。而所謂「選對跑道，省掉十年的冤枉路」的生涯規劃目標，只能說是早已過時的想法。

12

搭起書本與世界的橋梁

★沒有理論相伴的經驗是盲目的，而沒有經驗基礎的理論則只是智性的遊戲。

——康德（Immanuel Kant，1724-1804）

★任何事都要等你親身經歷後才會是真實的。

——濟慈（John Keats，1795-1821）

台灣的學生很普遍只知道課本的知識，而鮮少有機會知道知識和真實世界之間的關連。孫運璿那一代是先有豐富的生活常識，再以這個基礎去吸收專業知識，所以學習過程可以緊密的跟生活現場對話，找到知識跟真實世界的連結，也使得他們有能力活用知識來解決社會上的問題。現在的國家領導人，經常分不清楚課本和真實世界的差別，硬是橫柴入灶用課本知識治理社會問題，以致天怒人怨。

愛因斯坦曾經譏諷不懂變通的人：「如果事實和理論不合，改變事實。」這幾乎是台灣社會普遍的通病。其實，不只是台灣有這毛病，連國際著名公司的高階主管也常常有腦袋跟真實世界脫節的時候。底下就是兩個典型而又有趣的案例。

拋開書本與知識，觀察生活現場的事實

AT&T 無線通訊是從美國最大電話公司 AT&T 獨立出來的，公司聚集了美國最頂尖的無線通訊技術與各項服務高手。該公司在二〇〇二年推出一項行動電話

的數位通訊服務 mMode，它可以讓 AT&T 的行動電話用戶在手機上收發郵件和各種即時消息，也可以利用它來找到手機位置附近的購物資訊。公司裡負責這個計畫的副總裁預期，過去三十五年來人們取得資訊與購物的習慣，將被這項服務徹底打破。但是產品推出後，消費者的反應卻大不如預期。他們知道問題不在軟硬體技術，而在公司各階主管預想不到的地方，於是他們向 IDEO 這家創意設計公司求救。

IDEO 經過各種初步的研究和調查後，發現 mMode 有許多問題。但是面對 AT&T 無線通訊這些聰明絕頂的決策者，怎麼可能讓他們相信自己錯了，而 IDEO 這些不懂無線通訊的人反而是對的？只有一個辦法：讓這些聰明絕頂而又極端自負的人親自去體驗 mMode 使用者的困境。

於是，IDEO 為 AT&T 無線通訊的主管們安排了一套實地採購之旅。這些主管被帶到舊金山的市區，各自設法去找到 IDEO 指定他們的商品。出發前，IDEO 先讓 AT&T 無線通訊的人確認，這些物品確實都應該是可以用 mMode 找到的，而 IDEO 也告知這些主管，這些東西就在他們的下車地點附近。有的主管被指定去找尋一張只有某間小唱片行有賣的 CD，有人被指定去買一種獨家專售的消炎藥，還有人被指定去找一張美國著名家具連鎖店的產品型錄。

結果，這些主管費盡力氣都無法完成任務，最後只好去查電話簿的分類廣告欄或問路上的行人。親自體驗到連自己都放棄 mMode 後，他們才相信真實世界跟他們的想像有非常大的距離。然後 IDEO 再播放 mMode 使用者的錄影，讓這些主管親自看到各種使用者所遭遇到的困難。

原來，mMode 的開發過程中，公司上下一直不自覺的做了一個假定：行動電話上網搜尋的動作和體驗，與在辦公室裡上網的情境一模一樣，因此 mMode 是從頭至尾模仿電腦的網路瀏覽器。

事實上，行動電話在街上的某些死角會通訊不良，而室內的網路根本不需要克服這個問題；行動電話的螢幕遠小於電腦螢幕，別說無法像電腦那樣同時顯示多個視窗，甚至連一個完整視窗都裝不下。坐在屋內享受空調與咖啡的人，可能願意用三到三十分鐘的時間去找到一項商品，而擁擠街道上的行人要忍受日曬、雨淋、風吹、冬雪，如果三十秒內找不到資訊他們就會放棄。

IDEO 和 AT&T 無線通訊的研究團隊一起工作了十七週，根據使用者真實的情境和需要去重新設計整個使用者介面，使得任何一項資訊搜尋都可以在按兩次鍵以內的動作就完成。這項產品終於起死回生，而且大受歡迎，用戶很快就增加了一倍。AT&T 無線通訊負責這個計畫的副總裁不得不佩服的說：「這群人真的是全球級的策略夥伴，他們讓我們大開眼界。我很渴望盡快再跟他們合作，他們真是有趣的一群人。」

近年來台灣大學校園流行創業競賽，如果可以利用這種機會組成跨系所的團隊，從各種書籍和報導去研究 IDEO 的創新程序和方法，以便培養自己這方面的能力，甚至培養出一個有默契的團隊，當然很值得。

走出專業的自閉，看見消費者的需要

理工學院訓練出來的人會不自覺站在「專家」的優越位置，把消費者當作不懂專業技術的小孩，所以他們在開發產品時從沒想過要問消費者的意見，也沒去想消費者的觀點與處境。他們最習慣的思考模式是：「我們能給消費者什麼服務？」或「我們如何在技術上打敗競爭對手？」幾乎從來都不去想：「消費者需要什麼？」、「我們的產品會讓消費者感受到哪些不便？」所以，他們經常忙得要死，卻表錯情，而開發出消費者不想要或不需要的「尖端科技產品」。

醫生呢？雖然醫療業被歸類為「服務業」，但很多醫院是由醫學院出身的醫師在管理，他們的許多思維跟理工學院相近，第一優先的考慮經常是醫療設備與技術，而不是「病患在想什麼」、「病患難受的是什麼」。但是這個「傳統」也已經被 IDEO 打破。

凱瑟醫院（Kaiser Permanente）是美國最大的財團法人連鎖醫院，它打算要投入龐大資金改建醫院、增添設備，以便改善轄下數十家醫院的服務品質和效率，提升競爭力。它在二〇〇三年先委請 IDEO 進行研究，結果 IDEO 的社會科學研究人員發現，凱瑟集團服務品質的瓶頸並不在於醫療設備或技術，而是不了解病患和家屬的需要。

首先，掛號程序太費時而候診區太不舒服，使得病患在看見醫師之前已經很痛苦。接著，醫師和護理人員的專屬空間距離太遠，很難彼此即時支援。老人、小孩和移民通常會有家屬陪伴來看診，但他們卻無法跟著病人一起進診間，只能在外面乾著急，也降低醫師問診的準確性與效率。而病人往往必須半裸上身在診間空等二十分鐘，周邊滿是針筒和手術器械，忍受不必要的痛苦和恐懼。

在這項合作過程中，凱瑟集團的決策者大開眼界，赫然發現以前的醫院空間規劃嚴重忽略病患的需要，而他們最急切應解決的其實是空間分配與動線規劃，以便同時兼顧到醫師、護理人員、病患和家屬的需要，這樣才能同時提升醫療服務效率與服務品質。

這項合作案讓凱瑟集團體認到，過去整個醫療體系的決策思考都只有設備和技術，而嚴重忽略醫師、護理人員、病患和家屬在這些硬體空間與設備下的實際感受。

為了徹底找出過去「以設備為中心」的規劃與決策模式，凱瑟醫院自己從IDEO移植整套服務創新的研究方法，成立一家獨立的創新服務公司，專職從「以人為中心」的角度去研究既有隱藏的盲點和黑洞。這家新公司用四十七萬美金去執行一項研究專案KP MedRite，不到三年的時間，就為集團轄下的醫院省下百萬美金，這還不包括醫護人員的快樂和病患心情的改善。

即使是科技產業和醫療體系這種高度專業化的產業裡，「專業掛帥」的決策模式都會逐漸被「使用者的需要」所取代。在這樣的發展趨勢下，年輕人學著突破專業知識和課本的藩籬，學著去看真實世界裡發生的事，以及揣摩人們心裡的需要與感受。假如善用社團活動與社會參與的機會去培養出這方面的能力，犧牲一點功課和成績絕對是值得的。

突破空想，看見現實與理想

除此之外，很多大學生的理想、夢想和現實都是與真實世界脫節的空想，建基於聽來的零碎故事和自己加油添醋的想像。如果可以在大學期間盡早有屬於自己跟現實世界的激烈衝突，藉此發現腦袋裡的世界地圖與真實的世界有哪些落差，將有助於他們學習掌握抽象知識跟真實世界連結的要領。

我有位學生熱愛他的社團，在新舊世代青黃不接的危機裡，他毅然決然扛起責任，在功課最重的大二時擔任社長。他來問我意見，我說：「大二的課最重，如果到時候有些科目不及格，你有決心絕不後悔嗎？」「可是學長說，我們這一屆裡我的成績最好，如果我不接，別人會死得更慘。」「假如你明知風險是什麼，還願意去冒險，我就支持你。」他很堅決的點頭。

他是我的導生，人很聰明，又有理想和熱情，不是那種小氣、自私、只想爬到別人頭上的人。他聽學長說我讀過很多人文書，還懂音樂和美術，就從大一開始親近我，想學習在工學院裡兼顧人文素養的辦法。憑他的實力，要兼顧課業和社團是有機會，但是並不容易。我告訴他，必修課中有一門幾乎是每年都會開暑修，如果加退選結束前他發現功課壓力太大，就退選那一科，以免被當一屁股。

結果，他過了半學期才發現壓力太大，而加退選已經結束，就來找我談。我建議他放棄可以暑修的那一科，以便保住其他科目。他採納了我的建議，自己去跟任課老師說明跟道歉，而順利的保住了其他科目，也在暑修時用很高的成績補足了那一科的學分。

我問他：「你後不後悔？」「不後悔。我覺得這一年學到很多，讓我知道社團裡哪些人有熱情，哪些人比較自私，以及要如何帶動別人的熱情，又要兼顧社員的現實壓力，讓大家可以在這麼艱困的情境裡維繫社團的生機。」沒錯，這些能力是讀再多書都學不來的，除非自己親身去經歷、體會，否則聽別人講再多次，你都還是似懂非懂，其實根本就不懂。

「這一年讓我覺得自己真的從高中生變成大學生，學會在很大的壓力下規劃時間，利用時間，學會夢想和現實的落差，學會連結現實和理想的方法。為了這一份成年禮而被當掉一科，我覺得很值得。」

我也覺得確實值得！

13

職場沒有窄門

★在最酷寒的冬日裡，我發現自己內心有著無法被擊潰的夏天，這讓我感到愉悅。它意味著，不管外面的世界如何強悍的壓迫我，在我內心總有一股更堅強、更美好的力量在反抗回去。

——卡繆（Albert Camus，1913-1960）

★不管這個世界變得多麼黑暗，人的心裡總有一盞微小而明亮的燈在燃燒著而不會熄滅，人的心靈裡有某些東西是會長存而永遠不滅亡的。

——托爾斯泰（Leo Tolstoy，1828-1910）

以前常聽說大學前面有一道窄門，過不去的人很難有亮麗的未來。現在大學的升學率已經接近百分之百，升學的壓力卻一點都沒有降低，反而升高，因為網路上盛傳大學畢業時職場前面有一道窄門，沒有亮麗的學歷與成績，連面試的機會都沒有，更別談第一個工作，或者利用第二份、第三份工作換跑道的機會。其實，這個傳言純屬虛構，職場的跑道遠比學校裡面還更寬。

事實是，冷門的產業求職的人少，用人單位也沒太多選擇機會，通常會盡量給應徵者面試機會，以便從中挑選最合適的人才；熱門的產業競爭的人多，但後段班的公司照樣不容易找到人才，只能靠大量提供面試機會，以便有機會找到自己要的人才。所以，沒有亮麗的學位和成績，頂多只是剛畢業時要在小公司屈就幾年，不會連一個機會都沒有。

此外，學校裡只計算跟ＩＱ有關的表現和筆試成績，職場裡是任何能力都有表現的機會；學校裡一定要每一科都不錯，才有機會出頭，職場裡只要你的人際互動能力及格，再加上有一項突出的技能或特質，就可以有很好的表現機會。

譬如說，一個人如果英文能力及格而軟體能力特別強，就有機會在軟體產業有亮麗的表現，但是他卻可能因為其他科目表現太差，而考上最末段的學校；一個人如果善於察言觀色和貼心的跟人互動，就可以在服務業和商場上有很好的表現，但是他的成績卻可能在班上吊車尾。

因此，我常鼓勵私校的學生：大學放榜之後競爭才開始，只要努力培養出實力，就有機會爭取進入人生勝利組。結果，還是有位聽眾問我：要找到第一份工作真有那麼容易嗎？為了讓他了解職場如何用人的事實，我故意講了一個比較極端的故事，希望能打破他對「職場敲門磚」的迷思。

布衣卿相，從最卑微處做起

一個偶然的機會裡，我認識一位機械產業的大老，被邀到他的公司會談。正事談完後，他用聊天的口吻提出一個問題：「每個公司都想要最頂尖的人才，你覺得這樣的公司是不是好公司？」

我知道越是想當然耳的問題越是藏著玄機，不敢輕易說「是」。尋思很久，實在想不出反對這種人事策略的理由，只好硬著頭皮說：「我想不出有什麼不對的地方。」「你是個學者，要你了解公司經營的奧秘，確實不容易。其實，我的公司裡每個部門都故意安置一部分能力比較差的人。你再想想，這有沒有任何好處？」我還是想不出來，真的是很怪的老闆。

「每個公司都要有人掃地，尤其像我們這樣的公司，掃地還得要掃到一塵不染，否則就達不到我們想要的精密度。那麼，你想想看，名校機械系畢業生願不願意到我們公司來掃地？」想也知道不可能，而且恐怕是出再多錢也沒有哪個名校畢業生願意。

「那麼，誰來掃地？我可不能隨便找個不懂精密機械的人來掃地喔，否則他怎知道哪些東西可以碰，哪些東西不能碰。」確實很有道理，我從來沒想過掃地也會是一個大難題。

「有一種人，他有能力懂精密機械的基本原理，但是自知實力不如同事，也不介意做別人不肯做的事。每個部門都需要安置一些這樣的人，因為他們的配合度比較高，而每個部門也都免不了會有一些大家不喜歡做的事。」

這樣，他會不會覺得自己的地位太卑屈？「我當然不會把所有骯髒的事全都推給他。平時他的表現機會跟別人平等，只有真不得已時我才會跟他情商，請他配合。」

他的談話讓我想起嚴長壽，退伍後一直找不到工作，鄰家大姐勸他到美國運通去當小弟，他也只好無奈的接受。當小弟沒前途，所以他急著要找機會學一些職場上有專業性的技能。

公司裡有些女同事要去學校接孩子，但是往往手上工作還沒做完而無法下班，一到放學時間就焦急得不得了。他就建議這些大姐姐利用午休和有空的時間把自己手上的業務逐項教他，以便他可以在下班之後替她們趕沒做完的工作。

就這樣，他一邊勤學英語會話，一邊學習公司裡的所有業務。四年後美國運通的台灣公司總經理離職，全公司裡只有嚴長壽最了解公司的所有業務，因此他在二十八歲那年當上美國運通的台灣公司總經理。

「英雄不怕出身低」，如果你不怕從最卑微的工作做起，又願意利用所有機會去學習，不怕沒有出頭的日子。

一千次挫折，只為找尋伯樂

有一次我在一所大學演講時提到這個理念，講完後一位學生逆向擠過擁擠離開會場的同學，到講台邊問我：「願意給人機會的公司有很多嗎？」我回答他：「願意給人機會的老闆或許不多，但是你只需要碰到一個願意給你機會的就夠了。」我看他眉頭深鎖，不盡相信的樣子，就跟他講了下面這個真實的故事。

有一個宜蘭的鄉下小孩，國中時買了第一部電腦，從此迷上電腦和程式寫作。畢業後他考上新莊的新埔技術學院五專部，繼續把程式寫作當專業兼興趣，而累積出很扎實的功力。畢業後他又考上台科大資工系，完成了一個難度很高的專題。但是系上有個教授看不起他，氣得他在最後一年提不起勁上課，也不願意在學校混時間，就乾脆放棄學位，拿著肄業證書離開學校，開始投履歷、找工作。

一般人資看到一份履歷上面的最後學歷是「肄業」，通常會特別存疑：這樣的人通常是能力太差而無法畢業，或者太任性而無心畢業，兩種都是公司潛在的不定時炸彈，很少人敢用這樣的人。還好，他不計較待遇，不計較職位，願意從技術員幹起，只要求工作有足夠的挑戰，能讓他做得起勁。最後，他勉強找到一個很少人願意做的工作，到科學園區的公司上班，從約聘僱的短期技術員做起。

園區的公司當然不敢把重要的、有挑戰的工作交給短期的約聘僱技術員，因此他的工作就是打雜。還沒做到合約期滿，他覺得在浪費時間就提前辭職。他很喜歡騎腳踏車，辭職後就從北京騎腳踏車到巴黎，穿越中國、哈薩克、俄羅斯、白俄羅斯、波蘭、德國和法國七個國家，以及歐亞大陸許多氣候與地形險峻的地區，全程共一萬五千公里，花了一百四十四天！

當我知道這消息之後，先是很替他的安危擔心。等他到達目的後，我又為他的工作憂慮。

台灣很多公司都不喜歡工作不穩定的人，更怕任性的年輕人。像他這樣拿著肄業證書離校的人，就已經算是有一次前科；第一個工作又提前解約，這是第二個前科；離職後有半年沒有工作，不管是找不到工作或不願意工作，都算是第三個前科。這樣的人，在許多人資的眼中都是危險份子，比學歷平庸、成績泛泛還更可怕，第一輪初審就會把他刷掉。我在想，誰敢用這樣的年輕人？

後來，我轉念再想，一個人可以在一百四十四天內騎了一萬五千公里，平均每天要騎超過一百公里，風雨無阻，生病也得趕路，那份毅力不是常人能及的；而且要跨越那麼國家和各種聽不懂的語言，經歷那麼多的艱難地形和風險，這是很少有人做得到的。這意味著，這個人只要拿到他願意做的工作，絕對可以比別人更堅持到底。

如果我是公司老闆或人資主管，看到這種履歷，一定會把他找來面試，確實了解前面三個前科的實際內情。知道內情後，我一定會給他嘗試的機會。但是，這樣的老闆有幾個？也許非常少，但是他只需要一個這樣的老闆就夠了。如果他有足夠的耐心，我相信一定有這樣的老闆存在。

事實上呢？我不知道他回國後花了多少時間才找到新的工作，不過回國後的兩年內他已經又換了兩個工作，搬到內湖去。因為他寫程式的能力很強，在工作上又很投入，幾乎都是公司裡最後下班的人，所以老闆很賞識他，把公司大門的鑰匙交給他，薪水也節節幫他調高，很快的就接近中高階主管的收入，有了積蓄，也買了房子。

堅持夠久，一定會被看見

近年來景氣不好，如果沒有亮麗的文憑和成績，剛畢業時往往只能找到沒人要的爛工作；但是只要你不嫌棄，願意藉著這個工作機會認真學習和累積實力，還是可以逐步往較理想的工作慢慢推進。

譬如說，也許你的朋友和老師都認為你有軟體程式寫作的能力，但你念的卻是沒人聽過的技術學院，因此畢業後只是勉強找到一個經營不善、隨時可能會倒閉的公司，薪水也只有市場行情的一半。沒關係，你就認真的利用這個工作崗位去鍛鍊軟體程式寫作所需要的能力；如果這一家公司倒了，再換一家沒人敢去的公司，繼續累積自己的功力。這樣累積三、五年，不管倒了幾家公司，換了幾個位置，只要你的專業能力成熟了，就一定會被上級或老闆看到，而讓你負責較重要的工作；等你在不同公司累積出像樣的成績單後，就可以用職場的成績單當敲門磚，進入你所嚮往的公司。

更積極的辦法是去考證照。此外，你還可以用「社會人士」的身分，到任何一所大學申請「隨班附讀」；只要你獲得授課教授同意，並且到該校的進修推廣部繳費，就可以跟該校學生享受完全一樣的待遇：聽課、點名、考試、繳報告、打成績，最後還可以申請到修課成績單，證明自己有跟該校學生相同的實力。

依照教育部的統一規定，這種選修辦法是每校每學期只能修六學分。所以，如果你夠拚，每學期到兩個明星大學各選六學分，三年下來就可以累積出七十二學分。用這個辦法，你可以在申請碩士班推甄時有加分的亮點，也可以用它改善你找第一個工作的機會。

如果你有心使用這個進修管道，只要在網路上搜尋「辦理隨班附讀作業要點」，就可以找到各大學的相關規定。

所以，只要不放棄自己，在台灣永遠有進修和自我提升的機會；而且，只要培養出實力，多的是敗部復活的機會。

14

我要念冷門科系

★ 去尋找屬於你自己的路徑，懷著熱愛與讚美的心往前走，不管它有多狹窄、曲折。

——梭羅（Henry D. Thoreau，1817-1862）

★ 我們的命運由自己決定，而非由星座決定。

——莎士比亞（William Shakespeare，1564-1616）

一位媽媽愁容滿面望著我，雙眼滿是憂慮和求助的眼神：「教授，假如你的最愛偏偏就是最冷門、最難找到出路的科系；而且，你在該領域的能力明顯遠不如你的熱情，怎麼辦？譬如說，我的孩子熱愛哲學，但是念了一個學期後，很清楚看到自己的實力和成績都輸班上太多同學，未來絕不可能當哲學系教授，或者靠哲學吃飯。怎麼辦？」嗯，確實是夠嗆、夠尷尬的問題。

腳踏兩條船，兼顧理想與現實

我看著她身邊那個半大不小的大一男生，他一點都不擔心，以熱切的眼神看著我，似乎期待我跟他站在一起，安頓媽媽的焦慮。我問他：「你喜歡哲學嗎？」他非常篤定的點頭，而且似乎有意讓他媽媽也看見，動作幅度簡直大得誇張。我仔細詢問他的修課、成績和心得，他成績不夠出色，也許是因為修的學分太多，他講起心得來很興奮，有些地方確實是有見解，但也有不少地方太含糊。

哲學系大一的課多半是導論，無法談深入的問題，有這樣的心得不算傑出，但是半年學到這些也算是相當值得。「你為什麼想讀哲學系？」「我從國中就有很多問題，譬如為什麼要擠進明星高中和明星大學？讀書是為了什麼？人生有什麼值得追求？但是沒有人可以給我比較清楚的回答，他們總是跟我說：等你長大就會懂了。」

他說得太急，有點喘不過氣，停了一下又接著說：「如果硬要再逼著我去念別的科系，不想辦法回答這些問題，我真的讀不下書。」「你覺得這個學期讀下來，有回答你的問題嗎？」「還沒有，但是至少我知道，我在想的問題以前有很多人想過，而且他們也有找到自己的答案。所以我很想知道他們的思想，看他們是如何找到答案。」「哪幾門課讓你有這些想法？」「西方哲學概論有給我一點模糊的啟發，但是我知道佛學和東方哲學有很多我想探索的。」這的確是念哲學系的好理由。

但是，我想知道他願意為了念哲學忍受多少現實上的不便，又願意為哲學付出多少？「你怕不怕哲學系畢業找不到工作？」他點點頭，「可是現在我顧不了那麼多。我們系大三、大四課很少，那時候我再來想清楚要怎麼辦。」「假如你畢業後真的找不到工作，願不願意到商場上從最低階的臨時工做起，邊做邊學一個專長？」「我不排斥。」其實，只要有這種態度，念哪個科系都不需要怕失業。

他媽媽急著想插嘴，我只好點個頭讓她插話。「其實我也沒規定他非念哪個系不可，商學院、法律系，或者社會系都可以，只要不是最難找到出路的哲學系就好了。」我提醒她：「現在大一已經念一半了，如果大二才要轉系或重考的話，可能會多耽誤一年。」「耽誤一年無所謂，不要耽誤一輩子就好了。」聽起來媽媽這邊的條件還蠻寬的，待會兒再來處理。我回過頭來繼續釐清小男生的意願。

「你願不願意在哲學系之外再念一個輔系或雙學位，讓媽媽不用那麼擔心？」「我現在的課都已經忙不過來了，哪還有辦法念輔系？」「你剛剛說了，大三、大四課少，那時候願不願意念？」「那時候來得及嗎？」「雙主修的話，通常只要另外加修十五到十六門課，大三開始修的話勉強來得及，不得已的話，主動申請念大五，順便準備碩士班考試。不過，如果要申請，可能要稍微早一點。」

他媽媽硬插進來問：「為什麼？」「因為核准雙學位申請案通常是根據前一學期的成績，所以最好利用成績最好的那個學期去申請。」

我回過頭來問男生：「假如這樣，你願不願意在必要時念大五，取得第二個學位？」他點點頭，看著他媽媽，她似乎也鬆了一口氣。

我跟男生說：「你答應我，未來一年內在學校吃飯的時候要養成一個習慣。」他狐疑的不知道該不該答應，「吃飯時就找個落單的人跟他同一桌，然後問他是哪個系的、最喜歡系上哪一門課、哪一位老師，然後請他講精彩在哪裡。」

「為什麼要這樣？」「如果你每天午餐和晚餐都這樣做，未來一年大約有三百二十次機會去問人，就有機會認識幾個你可能會有興趣的科系和課程。再找機會去親自旁聽幾門課，這樣你就有機會挑到一個自己願意念的輔系或第二學位。」

他看起來有點開心的點點頭，他媽媽的臉上終於有一點點笑容。我問她：「這樣可以嗎？」她很真心的說：「謝謝你幫我們想到這樣的辦法，要不然他爸爸已經氣到不想跟他說話了。」

其實，只要願意認真學，什麼冷門科系都不是問題，大不了再修一個輔系或雙學位，必要時繼續念個不冷門的碩士，就可以有一塊過得去的職場敲門磚了。

至於說未來有沒有前途，與其說是由你大學時念的科系決定，還不如說是由你的學習態度和人格特質決定的。

只知靠學歷，一輩子沒出息

台灣人太迷信學歷，其實真正有出息的人都可以突破學歷的侷限。

宏達電先後兩任執行長卓火土和周永明，帶領宏達電HTC團隊打敗黑莓機，挑戰蘋果，一度大放異彩而成為台灣人之光。但是他們都非名校出身：卓火土是台北工專電子科畢業，從維修工程師幹起；周永明在緬甸念完電子科之後才到海洋大學念電機系，大學畢業時已經三十歲；他們都是從底層幹起，刻苦勤奮的累積數位產品設計的經驗和功力，沉潛數十年後才大放異彩。

吳美君是全球肯德基第一位女性總經理，她從淡江英文系畢業後，曾當過三個月的秘書和四年的廣告專案業務（AE），然後毛遂自薦去外商公司美泰兒 Mattle 找工作，三年後升為總經理，後來被服飾公司 Timberland 延攬為台灣區總經理。

義大世界購物廣場是台灣的第一家暢貨中心，總經理王香完吃盡苦頭才說服三百家國際知名品牌去高雄的荒郊野外開設直營暢貨中心，完成了同業認為不可能的任務，但是她念的卻是輔仁大學東方語文學系，而不是商學院。

余湘是台灣規模最大的廣告公司群邑（Group M）台灣分公司董事長兼總裁，以及聯廣傳播集團董事長，掌握台灣每年四分之一、超過一百億元的廣告預算，被譽為「媒體教母」。曾任民間全民電視公司副總經理、和信媒體傳播事業總經理的她，最高學歷是銘傳商專會統科畢業。

法藍瓷的總裁陳立恆是輔仁大學德文系校友，全聯董座林敏雄是台北商專夜間部畢業，85°C的董座吳政學是豐原國中補校畢業，國小畢業的陳榮華把正新輪胎變成全球十大公司，上銀科技的總經理蔡惠卿畢業於銘傳商業文書科。英雄不怕出身低，這個名單還可以一直加下去。

不受畢業學校、科系的侷限，才是成功的關鍵。全球最大彩妝保養集團萊雅（L'Oreal）的台灣分公司總裁陳敏慧，人生第一個志願是當老師，所以台大外文系畢業的第一個工作是英文老師。發現自己不喜歡太安逸的教書工作之後，她當過秘書及廣告AE，直到確定自己最喜歡的工作是品牌管理及行銷後，她才去美國念管理碩士，並於學成後從業務幹起，歷經數個公司之後才接掌萊雅。

類似的故事不勝枚舉，「經理人」這個網站就可以找到說不完的案例。事實上，美國馬里蘭大學研究人員針對企業進行過多年的研究，結果他們認為個人實務智能（practical intelligence）才是創業成功與否的指標，而不是在校成績或傳統的智商。

人生不是只有食衣住行

很多大學教授知道換跑道很容易，只要大學時期培養出讀書和思考的能力，找個容易就業的碩士念，花兩年就可以取得職場敲門磚和謀生的技能。所以他們傾向把大學當通才教育，比較在意孩子願不願意認真學，而不那麼在意讀哪一個科系。

人活著，不能不學會養活自己和家人；但人生也不是只有吃飯問題，還要學會處理婚姻和職場上的衝突、誤會、委屈，要安撫吃醋、忌妒與委屈的情緒，要有能力度過低潮與困境，甚至協助配偶和孩子度過各種難關。所以，我常提醒工學院的學生：「你們不僅要成為工程師，更必須培養自己成一個完整的人，否則就會有很多過不去的人生問題。」

「為自己讀書」跟「學習職場技能」是同等重要的事，因此，為自己的心願而念冷門科系，這絕對不是問題，問題是你願不願意另外去學必要的職場技能。香港有位雜誌編輯兼社會評論家，就是哲學系畢業，思路清晰、筆鋒犀利，而且看得出有很深厚的社會學底子，所以文章到處可見，還經常上電視。

我還認識一批哲學系的畢業生，自修網路技術後一起組公司，專門幫人架網站。工作壓力不大，收入穩定，還有時間一起念哲學、討論哲學。

此外，如果願意認真念哲學系，起碼有機會學到如何解決自己的問題；哲學系有不少課本是英文，也可以同時增加自己英文閱讀的廣度和能力。如果在哲學系學會批判性思考和一些較深刻的智慧，更可以用來解決很多難纏的職場、情場和家庭的問題。哲學不是沒有用的東西，只是不容易拿來賺錢而已。

更何況，冷門的科系往往藏著局外人不知道的出路。我在台北火車站前遇到過一個美工科畢業的小女生，拿著兩張小板凳在幫人彩繪指甲，因為設計新穎，據說一天的收入常常超過一萬元。

台灣有很多光復前後老畫家的油畫名作，畫價高昂，卻急需維修而找不到諳此技術的人。有一位美術系畢業生到義大利去學這技術，回台灣後許多人高價委請他去維修，他忙到難得休息。這樣的工作機會或許罕有人知，但有心就有機會找到，或者自己開創出路。

所以，冷門科系不是問題，願不願意好好學、願不願意在必要時坦然面對現實，尋找出路，這才是核心的問題。

15

成績單上看不見的才華

★ 如果上帝不喜歡我天生的樣子，祂會把我造成別的樣子。

——**歌德（Johann W. von Goethe，1749-1832）**

★ 我只不過是想要試著聽從自我的呼喚過活，為何卻如此百般困難？

——**赫曼·赫塞（Hermann Hesse，1877-1962）**

我們一直誤以為「聰明」只有一種，就是那種書隨便念一念就可以考上頂尖名校的人。其實，「才華」有很多種。最新的科學研究已經發現：傳統的智力測驗（IQ）和學校成績都只能檢測出一部分的語言、空間和邏輯推理能力，卻無法有效檢測出其他同等重要的能力：突破傳統的創新性思考、打破傳統邏輯的發明能力、詩與散文的創作能力、用語言感動人的演講能力、聽懂別人心聲的能力、空間造型的創造力、在都市叢林和荒野中辨識方向的空間感。此外，傳統的智力測驗和筆試成績更無法檢測職場裡非常重要的領導能力、對市場的遠見、在各種談判場合洞察人心的能力等。

哈佛大學管理學院在一九九八年出版了《體驗經濟時代》（*The Experience Economy: Work is Theatre & Every Business a Stage*）一書，宣告體驗經濟時代的降臨，以及科技產業和服務業的創新原動力將逐漸從技術面淡出，轉而仰賴「知道別人的感受」、「看見別人的需要」、「聽見別人的心聲」的能力，想像的能力，和聽覺與視覺的美感能力，也就是所謂的情緒智商（EQ，emotional intelligence quotient）和文化智商（CQ，cultural intelligence quotient）。但是既有教育制度仍舊不重視這些能力的開發，學校的學習評量制度更是嚴重忽視情緒智商，使得學生在這方面的稟賦不被肯定，甚至被壓抑，要等到就業之後才有機會在職場上被看見，甚至發光發熱。

就像夜明珠，在日光下跟普通的石頭沒什麼差別，它要在黑暗的地方才會綻放光芒。因此，你不能只用學校的成績來衡量自己，而低估或漠視了成績單上看不見的才華——尤其當你的興趣不在製造業或數理學科時。

成績單上看不見的才華與創意

我認識一位業績讓同業超級羨慕的室內設計師，朋友都叫他阿彬。他是美工科畢業，畫過廣告看板，幫人設計過海報、名片、文宣，最後自己成立工作室接各種案子。從學生時代到就業，作品偶爾會得到老師的肯定，但是從來沒有人說他有才華。不過，他照樣很陽光、樂天的過著自己溫飽有餘的生活。

有一天，一位跟他熟識的建築公司老闆異想天開，請他為建築案的樣品屋試做室內設計，結果老闆很喜歡，就把公司的樣品屋室內設計都包給他做。沒想到他在室內設計這個行業裡就這樣開始走紅。

室內設計有沒有質感是專業水準的問題，但是客戶喜不喜歡卻全看個人的主觀。所以，阿彬跟客戶談設計案，也往往是談十個客戶只有一個能成交。很多同業會覺得，沒談成的那九個是在浪費時間和公司的營業成本，但是他卻說：「就是因為那九位客戶讓我了解更多人的想法，才有機會在第十位的時候談成生意。」

他對人們的想法與品味充滿好奇，所以很喜歡跟客戶互動，從他們的口中了解不同的人在各種空間裡的行為模式、需要和感受。因此，他總是懷著真誠的喜悅去接待客戶，充滿好奇與熱情的聆聽客戶的需求，還會主動了解該空間使用者的個性與偏好。

室內設計的第一道難關是精準了解客戶的需要與偏好，因為絕大部分客戶都不知道如何描述自己的需要，更說不清楚自己的偏好。但是阿彬卻可以根據客戶的衣著、配件、座車和有限的描述掌握到客戶沒說清楚的心聲。

室內設計的第二道難關是讓客戶從設計圖精準了解你的提案，免得施工完之後不滿意而鬧糾紛。阿彬的口才不算好，卻可以精準的把自己的設計構想畫出來，客戶如果喜歡他的設計圖，施工完成後絕大部分都會更滿意，鮮少有糾紛。

因為客戶的預期跟成品落差小，他的態度又誠懇、熱情，不管生意有沒有做成都願意跟人當朋友，所以客戶也都喜歡推薦他。後來，他的口碑經由台商傳到大陸去，好幾位大陸的富豪請他為豪宅做室內設計，就這樣累積起很可觀的財富。

我跟幾個認識他的朋友聊過，我們都同意他的設計有質感、有特色，但是跟他類似水準的設計師，卻沒有一個像他這樣受頂級客戶的青睞。所以，他的成功關鍵應該是擅長掌握客戶的心理，而且誠懇、熱情、充滿陽光，完全沒有生意人的精明與算計，讓你覺得跟他互動很開心，做不做得成生意是次要的事，因而喜歡找他，喜歡把朋友介紹給他。

有趣的是，雖然很多大企業家和科技新貴都有各自傑出的地方，但是談到對室內設計、空間布置的品味和鑑賞力，他們絕大多數都很平庸，跟常人無異。因此，決定一個設計師能否贏得顧客青睞，溝通的能力往往比專業的設計能力更重要。但是這些能力在學校、在成績單上看不出來，往往到了職場才會被人看見。

難忘的星巴克女孩

為了省時間，我常在高鐵站買餐點帶在車上吃。星巴克、摩斯漢堡和 7-11 都買過，服務人員的表情和態度參差不齊，有時像春暖，有時像寒冬，其中一位星巴克女孩讓我特別難忘。

那天我剛開始照醫師的要求減肥，站在星巴克的櫥窗前不知道要買哪一種。碰到這種客人，好一點的服務生頂多一語不發，在櫃檯後耐心等待，或者先幫其他客人服務。有些服務生會寒著臉，想盡辦法讓你知道：你妨礙了他的生意。

這位星巴克女孩很不一樣，剛輪到我時就用甜美而喜悅的聲音說：「先生你好，我能為你服務嗎？」看到我遲疑不決，她立即說：「先生，想吃什麼？我可以幫你解說喔。」說著就像隻小麻雀一樣，從櫃檯後面輕快的跑出來，跟我一起站在櫥窗前。

我問：「有什麼東西營養均衡熱量又不會太高？」「我們的經典總匯只有六七九大卡，很好吃喔！」「可是它的蔬菜太少了。」「那你要不要點個照燒雞肉三明治加青蔬沙拉米捲餅，這樣合起來也只有六一〇大卡喔！」「好吧。」「先生，我先幫你把照燒雞肉三明治拿去加熱，比較好吃。」

說著她又像隻小麻雀那樣輕快的跑到櫃檯後面去，一邊說：「先生，那你的青蔬沙拉米捲餅要不要加熱？」「哪有人青蔬沙拉還加熱的？」「有啊！我前幾天請朋友吃，她也說加熱過餅皮會香香脆脆的，比較好吃。」「好吧。」「那先生，你還要什麼飲料？」「不用了。」「好的，先生，您的餐點馬上就來喔。」看著她滿臉喜悅的表情，輕快的步調，親切而悅耳的聲音，我感染了她的情緒，整天心情都很好。

回家的車上我一直想著這個女孩。她像是那種整天開開心心，又愛講話，只要醒著就吱吱喳喳說個不停的人。我猜，在課堂裡她經常會分心，老師講課讓她聯想起什麼事，就會忍不住跟隔壁同學交頭接耳起來。老師糾正她，她會滿懷歉意卻笑咪咪的說對不起，但是過不了多久就故態復萌。

我猜，她常帶給身邊朋友開朗的心情，老師很頭痛卻知道她不是壞學生。她人緣奇佳，成績好不到哪裡去，但是一點也不影響她的好心情。這樣的女孩，在學校裡沒有表現的機會，但她在服務業卻會是不可多得的人才。

因為，那種出自真誠的開心與熱情是溫暖而有感染力的，她不僅可以帶給客人好心情，還可以帶給身邊的工作夥伴、家人好心情。這種轉換心情的魔力，絕不是日系服務業刻板的禮節訓練所能比擬的。如果每一間商店的櫃檯都是這樣的女孩，台灣不知道會減少多少憂鬱症和不開心的人。如果這樣的女孩願意靜下心來去學習一些基本的會計、領導和經營技巧，她們更將會是服務業最渴求的領導人才。

鄰家女孩創業記

此外，在這個富裕、多元的時代裡，過去大廠通吃的大眾消費模式逐漸讓位給分眾消費的模式，因此即便是平凡的男女，只要願意體貼平凡人的心意和夢想，也照樣可以創立讓大家都開心的溫馨企業，造福跟你相近的分眾。

創辦薰衣草森林的詹慧君和林庭妃就是「鄰家女孩創業記」的典型。她們因為太愛做夢，而在偶然機緣下各自出資一百萬，在台中縣新社鄉中和村的偏僻山上開一家咖啡廳，四面種滿薰衣草。

但是這個夢想太過不食人間煙火，差點就以倒閉收場。詹慧君的弟弟從台北市到中和村去看她，他問姐姐：誰願意忍受一小時蜿蜒顛簸的山路，從台中市開車到一個地圖上很難定位的地點，甚至一再迷路而不挫折，只為了喝一杯一百二十元的咖啡？後來碰巧偶上像劇《薰衣草》當紅，許多人迷戀薰衣草的花語「等待愛情」，因而讓她們的創業故事在網路上爆傳，而度過倒閉的危機。

為了增加咖啡廳的吸引力，讓客人在山上有事情做，兩個女孩把整座園林布置成夢想的國土，讓客人用許願卡寫下願望，掛在許願樹上；設置代表各種心情的幸福信箱，讓遊客寫下祝福親友或自己的話，然後幫客人寄出去——她們讓所有客人變成一起逐夢的朋友。

到了薰衣草森林，你會想做夢，你會敢做夢。以前，只有不平凡的人才有逐夢的權利，平凡人一說出夢想就會被當作笑話。現在，有一個地方等待著你去做夢，而且那裡的員工都為你的夢想加油。以前，從來沒有人在乎平凡人的心願和夢想；現在，有一群人正努力幫平凡人圓夢。

她們用自己的平凡去了解平凡人的心願，用心的幫平凡人圓夢。薰衣草森林的故事告訴我們，無論多麼平凡的人，只要願意用心去揣摩平凡人未曾實現的心願，溫馨而真誠對待被她服務的人，就有機會創造一個夢想的王國。

其實，職場上需要很多種與成績無關的能力和特質：精明、幹練、可靠、溫馨、熱情、貼近人心、善於察言觀色等等。發明需要的是創意和數理能力，行銷人才要懂得人心和察言觀色，主管要擅長語言溝通與化解利益衝突，領導人才要對市場有敏銳嗅覺，而且擅長獎懲與利益分配。

在這個多元而競爭激烈的產業環境裡，與其擠進熱門行業去當最後一名，不如發揮所長在冷門行業裡當第一名；與其削足適履，一味跟人比成績，不如找到自己的所長與興趣。

「天生我材必有用」，這句話在今天的社會裡再真實不過了。在服務業為主的社會裡，只要你有一顆熱情而溫暖的心，願意了解別人的感受和心願，願意服務別人，讓人開心、減少別人的不適和痛苦，就不怕找不到適合自己的舞台。

16

為什麼要上大學？

★所有的宗教、藝術和科學都是同一棵樹的不同枝幹。這一切的渴望都是為了人類更崇高的生活，為了讓它從單純的物質性中昇華，而讓每一個人獲得自由。

——愛因斯坦

★我們出生時孱弱，需要堅強的力量；我們出生時無助，需要協助；我們天生無知，需要理性。所有我們出生時所欠缺的，所有我們成年時所需要擁有的資產，都是拜教育之賜。

——梭羅

如果把大學四年和碩士兩年加在一起，這六年剛好是人生最關鍵的時期：它跨越青春期的最後幾年和成年期的最初幾年，是一個人從懵懂徬徨的青少年轉為成年人的關鍵期；他從不需要為自己負責的高中生，變成一個凡事得為自己負責的職場新鮮人；他從家長管束下的大孩子，變成一個結婚生子、負擔家計與孩子教養的大人；這是一個學習職場技能，尋找第一個職場跑道的階段，也從開始探索自我到發展出第一個自我的雛形；這是他人生最後一個在校學習的階段，必須帶走夠用一輩子的能力，讓他可以在這基礎上持續成長，以便因應人生未來五、六十年的變局。因此，一個人的一生往往有八成以上取決於他在這個階段的學習、經歷與思索。

當然，如果你一輩子不念大學，照樣會在校園外度過這六年，有另類的經歷、成長和學習。因此，「這六年很重要」僅意味著不管你在哪裡，它都很重要，而不意味著你一定要把這六年全部都耗在校園裡才會得到成長。

那麼，「為什麼要上大學？」難道大學確實有特殊的資源和環境，值得年輕人把這六年花在大學校園裡，而不是去社會大學裡學習？

更寬廣的生涯

大學（無論是普通大學、科技大學，或其他技職體系）是很多人密集學習一技之長的最佳場所。它的好處是可供學習的資源都匯聚在距離很近的校園裡，而且可以把所有的心力都用來學習，而不需要把一部分時間用來替老闆賺錢；它的壞處是遠離職場，一不小心就跟現實脫節，甚至變成僵化的死知識。

為了避免上述的弊病，以前大學工學院規定，學生要在暑假去工廠實習滿三個月。清大動力機械系曾有動手做實驗室，讓學長帶學弟鍛鍊學以致用的能力。有些社會系很強調學生的社會參與，而技職體系更是注重實習。大學的缺點是有心就可以改善的，但是上班的人卻註定要把一部分心力用來替老闆賺錢——老闆給你的錢，一定少於你為他賺的錢。

對於性向明確、有能力學且願意的人而言，大學是遠比職場更有效率、更深刻的學習場所。如果你沒讀過大學直接去上班，你只能零碎的從做中學，自己偷學，自己想辦法彙整零碎的知識或技巧，自己想辦法「參悟」它們背後的道理；所以，職場上學的東西最後經常落個「知其然而不知其所以然」（know how by don't know why），這是一種自力學習，是隨機的、靠運氣的、淺碟式的學習。

大學呢？教科書通常彙整過去百年來許多天才們的心血結晶，由全球最頂尖的學者撰筆，由熟知大學用書所需特色的出版社編輯，由學養精深的教授講授；而課程的安排秩序與課本的內容都是由淺入深，有條不紊，系而統之，整個學習過程就是在引導學生一步步爬上巨人的肩膀，以便學出深度、廣度與系統性。

此外，職場學的是既有的技術，在大學中學的是具有未來性的技術——雖然它也可能超前社會的需要太遠，以致變成在國內無法使用的知識。就是因為這些好處，所以大學一直是提升個人競爭力的重要過程。

如果你聰明過人，有非常強的自修能力，確實可以自己閱讀教科書和更深的專業書籍，而照樣爬上巨人的肩膀，不一定要在大學裡學習。所以比爾・蓋茲（Bill Gates，一九五五—）在哈佛大學念到大三後休學，賈伯斯大一休學。但他們是例外，有這種自修能力的人比例很低，也許不到百分之五，甚至不到百分之一。要模仿他們之前，先想想自己適不適合走這樣的一條路。

對於高中畢業時性向還不夠明確的學生而言，大學給了他們一段很重要的時間和有利的環境，可以在就業前更充分的探索自己的興趣與能力，也有更多調整生涯方向的機會。在一所完全大學裡，這個世界上用得到的知識幾乎都有人在教，或者在研究。因此，不管你的未來發展在製造業或服務業，都有機會從大學得到許多寶貴的啟發和知識。台灣的大學規模較小，但是仍舊可以讓學生了解到很多不同科系看問題的角度，以及他們發展出來的專業知識。

對於那些興趣廣泛而又好學的人，大學的環境可以大幅度打開他們知識的視野，讓他們有機會找到比高中時期更好、更多元的生涯選擇，甚至通過通識教育、輔系與雙主修而為自己打開寬廣的、跨領域的生涯道路。

你能從大學得到多少好處，端看你在大學校園裡花了多少心思、有多麼主動跨出自己熟知的領域去到處學習。如果你願意在畢業前利用寒暑假或休學一年去職場工作，以便更深刻了解學校所學跟職場的需要有何關聯，收穫會更大。

但是，如果你在大學裡根本讀不下書，那還遠不如去職場實地磨練四年。大學給你的是成長的機會和養分，而不是成長的保證。

胸襟、視野、氣度與教養

念大學不只是為了就業技能，這甚至根本不是歐洲創立大學的原始目的。以劍橋大學為例，中世紀時期，它只教文法、邏輯、修辭、音樂、代數、幾何和天文學；十七世紀到十八世紀之間，牛頓力學與各種科學興起，大學成為新學問的研究地點，也開始教阿拉伯文、道德哲學和歷史，這時候劍橋大學的主要任務是教育貴族子弟，讓他們接觸新思想，培養個人的文化教養、視野——所謂的陶冶性情，開拓胸襟與氣度。直到十九世紀初，拿破崙創立專門學校，為政府培養各種專業人才，大學才開始跟職場技能有密切關係。

英國的貴族教育被美國大學局部保留，成為哈佛大學的博雅教育；到了台灣，博雅教育被轉化成通識教育，旨在培養學生國文與外文能力，以及作為知識分子所需要的各種能力。譬如，台大的通識教育分為八大類別：文學與藝術、歷史思維、世界文明、哲學與道德思考、公民意識與社會分析、量化分析與數學素養、物質科學；清華大學的通識教育則分為七大核心課程：思維方式、生命之探索、藝術與美感、社會與文化脈動、科學、技術與社會、文化經典、歷史分析，以及其他進階的選修課程。

從上述課程名稱可以清楚看見，通識教育目的是要培養學生欣賞文學、藝術的能力，從大歷史的角度思索當代問題的能力，從較寬廣的社會科學視野思索社會脈動與理解社會問題，並以文化經典為基礎去思索人生的意義與價值。當你拒絕念大學，或者把通識教育當營養學分時，你放棄的就是作為一個人的胸襟、視野、氣度、品味、深度等教養。在我個人的評價裡，這些教養的可貴處更勝於職業教育，而且它也正是傳統大學的核心價值。

就這些教養而言，通識教育只不過是大學校園所提供的學習資源之一而已。如果你夠主動且願意認真學習，你可以在宿舍、圖書館、餐廳和社團裡跟各種科系背景的人進一步深談，以及自己閱讀或旁聽，來深化通識教育所奠下的粗淺基礎。

理論上，即使不上大學，你還是可以自己去買書來讀。實際上，沒有各科系朋友的陪伴與討論，要靠自己閱讀去獲得這麼寬廣的思考與知識背景，能做到的恐怕沒幾人。更重要的是，沒有朋友與師長的陪伴，學習起來將會是事倍功半，甚至枯燥乏味。

大學是個可以跟人一起成長的社群，是個擁有宿舍、餐廳、圖書館、草皮的完整學習環境，所以跨國的線上教學無法取代它的功能。

大學是座人種博物館

大學教授不見得都有理想，但是大學教授中確實有不少人懷抱理想，思廣慮深，熱情動人的生命風範。聽這些老師一學期課，感受他們的生命風采，你才願意相信這個世界不是只有媒體上報導的那些卑鄙、齷齪的人性，還有高貴、誠懇、讓人敬佩的人品。這樣的人格教育，在職場上就算有機會見到，也是鳳毛麟角。尤其畢業之後，看著商場與政治圈的貪婪、卑鄙、噁心、無能、庸俗，回憶校園中感動過你的那些生命風範，你越是能體會到：大學不只是知識殿堂，更是一個人種博物館，陳列著各種精彩的學術生命和知識分子的風骨。這項資產，絕不亞於圖書館裡浩瀚的典藏，因為只有在見識過這些動人的生命風範之後，古籍才會對你發光。

不過，這樣的老師不一定剛好在你的系上。他們也許在通識課，也許在別的系，甚至也許在別的學校；你要主動去打聽、尋找，才會見到。

大學不僅有精彩的老師，還有機會找到精彩的同學。

我常跟年輕人說：大學的學習三分之一靠老師，三分之一靠同學，三分之一靠自己。自修與老師的重要性無庸再論，同學的相互啟發、淬礪卻往往被人忽略。

大學的同學來自各種社會背景，對大學生活懷著不同的期待與想像。有些人對別人的痛苦特別敏感，有些人對社會底層的處境特別同情，有些人對正義特別堅持，有些人對學術與良知的探索特別熱情。他們不像成熟的學者那麼璀璨，卻有如璞玉般曖曖含光。老師不可能跟你朝夕相濡以沫，這些同學卻可以在宿舍、社團裡跟你朝夕砥礪；跟他們一起成長，將可以分享到他們生命的能量。

有這樣的老師、同學陪伴，青春不僅留下美麗的回憶，更是一場蛹化蝴蝶的蛻變。除非可以用青春換得生命的厚度和深度，否則它將流為一場國慶晚會的煙火，燦爛一夜之後只留下惆悵。

大學是座寶山，雖然很多人「探驪遺珠，僅得鱗爪」，但大學絕對是值得年輕人擁抱的成長場所，問題在於你懂不懂得善用它所提供的資源。

不過這絕不意味著你必須從高中畢業後，就一路不間斷的念它六年。偶爾離開一兩年，有時候反而讓你突破成長的瓶頸，或者讓你掌握到從課本通往現實世界的竅門。如果這樣，那確實很值得。有興趣的人可以參考我寫的《活出生命最好的可能》第十二單元〈壯遊與神遊〉。

17

用心學習，安心長大

★我們知道自己目前的狀態（與限制），但是不知道自己未來的發展極限。

——莎士比亞

★幸福將會來臨，成功也將會來臨，但是只有當你不再關注它時，它才會降臨。請你傾聽自己良知的指令，傾盡一切去實現它。那麼，在長遠的將來，我是說「在長遠的將來」，成功將會到來，恰恰因為你已經不再去想它了。

——弗蘭克（Viktor E. Frankl，1905-1997）

青春原本該是最愉悅、燦爛的時光，台灣的年輕人卻在升學壓力與就業壓力下過著慘淡的生活，而升學失敗組則過著鬱卒、頹廢的生活。

讓人不忍心的是，那些將年輕人壓迫得無法喘息的壓力，很多是媒體、雜誌和補習班虛構的，目的是增加銷量和補習班收入。而升學失敗組的鬱卒，則是因為對職場的變遷不了解，還在用製造業時代的價值觀，思考服務業時代的生涯發展，不知道現在的職場非常寬闊而多元，可以讓各種願意努力的人都有發揮所長的機會，而不再僅限於擅長英數理化的人。

其實，生命是長期而持續的累積，一個人表現在外的智慧和能力，都是他過去長年積累的成果。當你因為一時失常或際遇乖逆而陷入困境時，這些能力並不會消失；只要你不氣餒，繼續累積自己的智慧和能力，就一定會走出谷底，再現你的實力，而得到你應得的那份成果。不但你的實力恰等於你過去的累積，你所得到的一切，也恰等於你曾經付出過的努力，既不會多一分，也不會少一分。

因此，決定你這一生的，不是偶然的際遇，而是你長期而持續的累積；而你偶然做錯的抉擇，後來也有許多調整和校正的機會，不會造成一生的悔恨。

既然如此，不管你是怎樣的人，不管你有什麼樣的能力和興趣，也不管你的興趣和能力未來會如何發展，你只需要用心學習，安心長大，而不需要急著卡位，不需要對一時的困境太過在意，也不需要對未來心懷憂慮、恐懼。在這百業爭鳴的時代裡，用心學習的人一定會找到自己的舞台——不論是在製造業、服務業，或者扮演一個跨領域的「T型人」。

在這樣的現實背景下，你想要什麼，就用心學習，累積實力，認真為它付出。只要踏踏實實安心過活，你的收穫就會等於付出的，既不多一分，也不少一分，根本不需要費盡心機，也不需要終日惶惶，朝夕憂慮。

反之，假如過分急著要贏在起跑點，而不擇手段的投機取巧，反而有可能一再落入自己不自覺設下的陷阱。

人生勝利組的潛在風險

有些人誤以為人生最重要的是身上穿的校服與校名、放榜時刻與考試時的運氣，以及在每一次的抉擇裡尋找最短的路徑，而不去管自己累積出什麼樣的實力，忽略了什麼樣的能力。

為了強調「贏在起跑點」與「提前卡位」，他們犧牲了自己人際互動的能力，犧牲了處理親密情感的能力，沒有花心力去培養溝通與表達個人思想、情感、情緒的能力，也沒有去培養忍受挫折的能力。甚至還犧牲了青春，錯過了戀愛和結婚的最佳時機和對象，誤把人生的複選題當成了單選題。他們只看到人生的一小部分，因而往往犧牲人生更大的一部分。

近利必然短視，犧牲了這麼多，換來名校的光環，滿足了虛榮心，但是，未來職場真正需要的能力呢？

為了考上名校，他們往往落入「過度熟練的陷阱」，浪費許多時間在重複早已擁有的知識和能力。更糟的是，這樣的學習過程很容易培養出謹小慎微的個性，而它恰恰是創意的最大殺手。

在知識爆炸、網路資訊發達的社會裡，重要的不是一個人大腦裡記住的知識，而是你使用網路資訊的能力。在你使用Google的關鍵字搜尋時，Google會幫你改錯、填充、造句，因此你需要的不是精確而狹隘的知識，或者過度熟練的解題技巧。你需要的是寬廣而模糊的背景知識，網路搜尋資訊、分析資訊正確性與品質、綜合與彙整資訊，以及靈活應用資訊的能力，以便讓你有能力駕馭圖書館和網路上寬廣的知識與資訊。

但是，為了考上明星學校，很多人花太多時間在強調記憶、背誦精細的知識，以及無意義的重複練習和過度熟練，而不是大學階段、碩士階段和職場所需要的能力。

此外，上大學最重要的是要有主動學習的意願、自修的能力、突破閱讀與理解瓶頸的能力，和自我管理的能力。但是，為了考上資優班和明星大學，很多家長和學生都投機取巧去補習。當學校與補習班占據你所有的學習時間後，你自己的主動學習能力便會很難發展，甚至連主動學習的意願和自我管理的能力都嚴重欠缺。

大學的課本都非常厚，而且通常是英文的，讀不懂的時候又沒有補習班和家教，完全要靠自己去克服閱讀的難題。靠補習與死讀考上五大名校的人，往往會跟不上同學，甚至對自己徹底失去信心。與其如此，還不如拿補習的時間來培養自修能力，以及其他念大學所需要的能力。就算因此考大學時學校差一點，至少符合自己的實力，念起來才會順利。

拚名校，不如拚續航力

校服、面子都是轉瞬即逝的，你真正可以帶向下一個人生階段的只有內在的實力——那些你自己知道，別人卻往往看不見的東西。

升學很重要，但是過分極端就會變成浪費、甚至傷害。我給自己孩子的守則是：常態分班的國中時代，只要保持班上第三名至第十名；考上第一志願的高中後，只要保持班上第五名至第二十名。成績太好的話就挪一些時間去讀課外書，或者從事同等重要的課外活動；成績太差的話就多花一點時間在課業上，以便跟上同學的進度。因為，要在國中保持班上前三名，花在課業上的時間往往有百分之二十到百分之四十是在做沒有意義的過度練習，甚至在強化有害的謹小慎微。

與其把時間花在這些沒意義或有害的事情，不如花在更有意義的事情上。

我讀劍橋大學是偶然，在那之前我從來不在意沒念過頂尖名校，也不後悔高中時把放學後的時間都花在課外書與課外活動。我大量閱讀散文和古典文學，高三時已經能夠不看翻譯直接讀秦漢文。所以，我從不背解釋和翻譯，考試成績照樣名列前茅，更別說作文能力還超前其他同學。

我除了聯考總複習之外，從不買參考書，寧可大量閱讀有趣的科普讀物，這使得我後來遠比別人更擅長跨越學術領域去吸收別人的創意。因為讀的是自己喜歡的書，所以有意願去克服閱讀過程的困難，也培養出自修的能力。

大學時，為了讀懂德國史學家史賓格勒（Oswald Spengler，一八八〇—一九三六）的《西方的沒落》（*Der Untergang des Abendlandes*），我前後讀了五次，歷經三年多，中間閱讀了許多建築史、文明史、科學史的書來協助自己突破閱讀的困難。

這些閱讀過程厚植了我後來跨越各種領域的閱讀與思考力，讓我的人生有比別人更寬廣的發揮空間。更重要的是，它讓我的青春充滿斑爛的色彩，讓我看見人生中各種值得追求的目標，也讓我在面對人生各種處境、課題時有全方位去面對的能力。

我的國中成績大概只能排到全校第一百名，國三導師說我可能會考不上新竹中學，但是我不靠補習就考到新竹聯招前二十名；高中時我的成績在全校可能要排到第兩百名，但是又不靠補習就考上全校前二十名左右的聯考成績；大學畢業時我在班上的成績剛好是在正中間，考上清華大學碩士班時把一堆人給氣死；念博士時更進了全班同學不敢想望的劍橋大學，指導教授是英國控制學界最有名的皇家學院院士。回國的那一天，一位親族的長輩感慨的說：「你從來沒拿過班上前三名，卻遠比別人更有續航力。」

拚名校，不如拚未來需要的多元能力

我不在乎自己的孩子有沒有念頂尖名校，反而常提醒他們：「要念名校，頂多一輩子只要念一次就夠了，就是念博士那一次。其他時候，你只需要一個能讓你正常長大的學校，能夠供給你成長所需要的各種養分。」

我堅持我的孩子為自己的成長保存一部分可觀的時間，而非把所有的時間都用來爭取升學。因為我一直相信一件事：如果你拚盡百分之百的力氣去考上一所學校，未來你將必須拚盡百分之百的力氣才能跟上班上同學，並且因而沒有時間培養未來所需要的其他能力。我寧可自己的孩子用百分之七十的力氣去應付功課，用百分之三十的力氣去準備未來人生所需要的各種能力，至於考上什麼學校，不需要在意。

一所適合孩子成長的學校，就是有些同學能力比他好，有些能力比他差，很多同學能力跟他差不多，但是大家來自截然不同的社會背景與社會階層；每位同學以他獨特的敏感度和社會背景來刺激其他同學，增廣大家對社會的認識，以及彼此切磋、砥礪、啟發。如果你花了百分之七十的力氣去應付功課，考上的學校大概就會剛好符合這個條件。

所以，孩子高三的時候，我堅持他們每天至少睡足七小時，還鼓勵女兒高三的時候繼續閱讀建築相關的課外書，為她後來的推薦甄試（相當於現在的「個人申請」）厚植實力。這樣的安排，讓她在高三時有了調節壓力的時間，一邊讀自己喜愛的書，另一方面又不會覺得自己在做跟升學無關的事。後來，她在推薦甄試時寫的自傳和自己做的設計都讓審查老師們印象深刻，面試時更是談得非常愉快，就這樣順利進入她心目中第一志願的建築系。

「用心學習，安心長大」是我送給孩子們的座右銘，我用自己的人生故事印證了它是成長過程的最佳策略，也用自己兩個孩子的人生故事印證了它適用於很多人。事實上，它確實適用於所有人。

Part 3

第三部

怎樣活，才能多一點自我

人生最大的衝突與困惑，其實是要成全自己的理想，還是要追求現實的成就；是要不管別人的評價而活出自我，還是要追逐別人的掌聲而犧牲自我。是「要怎麼活，才能多一點自我」，而不是念哪一所學校，哪一個科系，選擇哪一個職場跑道這種枝枝節節的問題。

你的理想在現實上不見得最有出路，你的心願也往往跟別人的評價是衝突的，如果太在意外在的成就和別人的評價，你就很難活出理想，活出自我。職場的多元化使得適性發展不再是夢想，而有很好的現實基礎。但是，如果你擺脫不掉爭強鬥勝、輸不起的心理，如果你擺脫不掉用外在成就來肯定與否定自己的習慣，就很難聽到自己心裡的聲音，甚至無法坦然面對自己與生俱來的特質，更不知道要如何面對不幸的際遇。

活不出自我，其實是因為不知道要如何面對自我、善待自我，因而選擇了逃避自我，用別人的掌聲掩蓋徬徨、沒自信的自我，也同時失去了為自己做抉擇的自由。

因此，隱藏在所有生涯發展的背後，更關鍵的問題是要如何不靠外在的成就來肯定自我，如何接納自己的短處，以及如何坦然與不幸的命運共處。

18

外在的成就與真實的自我

★幸福就是讓生活和自己處於單純的和諧之中，除此之外還有什麼可以被稱為幸福？

——卡繆

★通過自由的抉擇，人會在行動中順從他天生的傾向，接受本性的引導。最可怕的莫過於一個人的行動是屈服於他人的意志，因此對奴隸制度的憎惡是最自然的了。基於這個原因，當孩子被迫要屈服於他人的要求，而沒有人願意花力氣去設法讓他接受時，他會痛哭、苦楚；他會期待著趕快長大，可以照自己的意願行動。

——康德

每個人的特質不同，適合發展的方向不同，老是在意別人的評價和眼光，就難免會被別人的價值觀牽著鼻子走，而活在既不適合自己，也不是自己真正想要的人生軌道裡。可惜，很多年輕人因為欠缺自信，不知道該如何衡量自己，只好跟別人比成績、比收入、比地位，比一切可以從外表上看見的差異。這樣子比下去，人會變得越來越膚淺，只看得到表面上的成就，看不見自己內在的成長；甚至只聽得到別人的掌聲與噓聲，聽不到自己內心的聲音與渴望。這樣的人很難有機會活出自己，也很難獲得內心真正的喜悅，所以我期期以為不可。

外在的成就不等於一個人的實力

一個衣著入時、開百萬名車的人，不一定比衣著樸實、開國產車的人有更高的社會成就。但是，在不知情的人面前，衣著入時，開百萬名車總是比較容易被人羨慕，比較容易贏得尊重與掌聲；而後者很容易被陌生人低估、鄙視或輕慢。所以，如果你不是非常有自信的人，往往會不自覺的有注重外表的壓力。明末清初的戲曲家沈自晉在《望湖亭》裡感慨的說：「佛是金妝，人是衣妝，打扮也是極要緊的。」而台灣俗諺說得更露骨：「身若無衣被人欺。」

但是，掌聲的誘惑與陌生人的鄙視仍舊改變不了一個確切的事實：一個人的外在成就並不等於他的實力。首先，學校的排行榜就不等於一個人的實力。因為，一個人會念哪所學校，除了跟他的實力有關，也跟他考試的時候是否失常有關。而職場上的成就，就更難以用來衡量一個人的能力了。

我有位學弟，他碩士畢業後到科學園區工作了十幾年，因為股票分紅賺了很多錢，也掌握了一些關鍵技術和新產品的構想，就帶了幾個同事一起出去創業。剛開始他們做得很好，幾年以後股票也順利上市，他身兼總經理和最大股東，變成人生勝利組。後來，一家新的公司崛起，用賄賂買通日本買家的採購業務負責人，搶走他們的訂單；又利用他公司內部有人事糾紛的時候，挖走一些他的重要幹部，使得幾條重要的生產線癱瘓，好幾年產不出可以上市的新產品，而逐漸累積虧損。最後他只好宣布公司倒閉，從此變成人生失敗組。

在這個由盛轉衰的劇變裡，改變的是外在機緣和惡質競爭，而不是他本身的內涵或能力。他的主要弱點就是人事管理能力，但是在競爭的公司還沒出現時，沒有外在誘因讓這個弱點表面化，所以公司表現出來的都是優點。當競爭對手出現，人事管理的弱點就被外在的機緣突顯，使得公司原本就存在的潛在問題表面化，而新起公司的惡意競爭更是他無法控制的因素。

所以，十年前公司業務亮麗不盡然是他的功勞，部分原因是機緣有利；十年後公司倒閉不盡然是他的錯，部分原因是機緣不利。表面上公司一盛一衰，其實改變的不是這個人的能力，而是外在的機緣。所以，你不能用一個人的外在成就去衡量他的能力。

相信自己，才能活出自我

其實，能贏得掌聲的事情不見得都值得做，而值得做的事情卻不見得會贏得掌聲。一個只相信掌聲而不相信自己的人，永遠無法活出自我，甚至很可能會辜負難得的天分。

很多偉大的思想家，他們的遠見和深刻度都超越好幾個世代的人，因而寂寞以終。塞尚（Paul Cézanne，一八三九－一九〇六）和梵谷（Vincent van Gogh，一八五三－一八九〇）也都不被同時代的人理解：梵谷死後十三年，他的作品一張還是只賣五分錢到十分錢；塞尚五十六歲才有畫商在巴黎的畫廊為他舉辦個人展，並贏得畫壇的讚譽，但是至今畫壇外還是很少有人了解他。

一般人不懂就算了，被自己的至交好友背叛，這才是塞尚一生最大的遺憾。塞尚是現代繪畫之父，包括畢卡索（Pablo Picasso，一八八一－一九七三）和高更（Paul Gauguin，一八四八－一九〇三）等重要的畫家都受到他的啟發。左拉（Émile Zola，一八四〇－一九〇二）則是法國著名的小說家，他和塞尚從小在法國南部小鎮愛克斯長大，從童年到高中畢業都情同手足，兩個人分享著對大自然、文學和藝術的熱愛、心得與夢想。此外，塞尚在學校的文科表現都很出色，拿過無數獎，使得左拉甚至認為塞尚有比他更偉大的文學天賦。

左拉在十八歲那年去到巴黎，不到十年就變成著名的作家。塞尚也在左拉的鼓勵下到巴黎考美術學校，但是沒考上，因為他年輕時的畫風很不討喜，也沒人能懂。但是左拉毫不間斷的鼓勵他，這分友情與支持變成塞尚年輕時候最重要的精神支柱。

可惜巴黎的畫壇一直無法接受塞尚，他送給畫展的作品只有一次入選，其他通通被退件。左拉也逐漸對塞尚失去信心，在他四十六歲那年的小說《代表作》裡，他將塞尚描述成生活浪蕩而沒有才華的畫家，最後在自己那幅無法完成的作品面前上吊自殺。此舉大大傷了塞尚的心，兩個人從此斷絕了幾十年來如同手足般的情誼。

假如連最要好的朋友都不能了解你，你是要相信自己，還是別人？假如你無法相信自己，總是要根據別人的期待和評價來調整自己的方向，你有把握他們的意見真的會比較接近你的真實自我嗎？假如你因為遷就別人的意見，朝著遠離自己心願的方向去發展，不但會很不快樂，還有可能會糟蹋自己的稟賦。

可惜，一個人要想擺脫別人的眼光與評價，確實是非常困難的事。即使明明是對的事，只要別人眾口一致堅持錯誤的論調，欠缺自信的人還是會很輕易的屈服。關於這個事實，社會心理學家所羅門・阿希（Solomon Asch，一九〇七－一九九六）有個著名的實驗，讓人印象深刻，甚至難以置信。

他設計一系列的紙卡（如下圖），每張紙卡上的左側有一條參考線，右邊有三條線，其中一條跟左邊長度一樣，另外兩條線，一者明顯太長，另一者明顯太短，所以任何人都可以輕易的看出哪一條線跟左邊那一條等長（也就是「正確的答案」）。

在這個實驗裡，通常有六個人一起受測，其中只有一位是不知情的真正受測者，另外五位則是跟阿希串通好的假冒受測者，每個人依

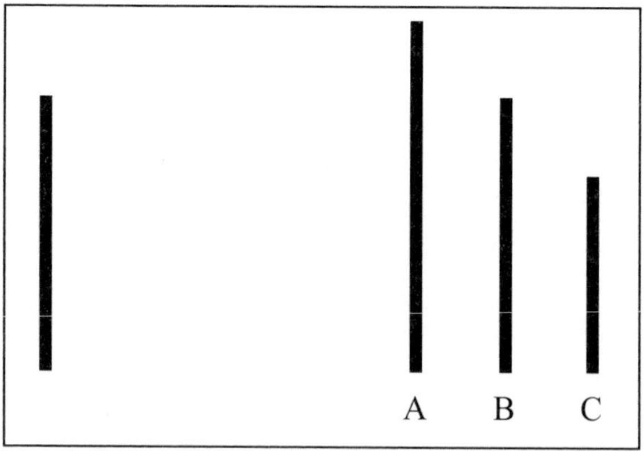

序大聲講出自己認為對的答案，而被蒙在鼓裡的受測者通常被排在倒數第二個順位。在前兩張紙卡測試裡，所有的假冒者都說出正確的答案，所以真正的受測者也很輕鬆的跟著說出正確的答案。但是從第三張紙卡開始，所有假冒者都眾口一致說出同一個錯誤的答案，真正的受測者往往因而對自己的判斷失去信心，跟著前面幾個假冒者說出同一個錯誤的答案。

這就是社會心理學裡著名的「從眾行為」（conformity）。根據阿希的統計，受測者中大約有四分之一的人堅持自己所看到的，沒有屈從他人，另外四分之三則至少有一次屈從於錯誤的答案。在堅持正確答案的人之中，有些人是始終有自信的，另外一部分人雖然堅持對的答案，但是卻逐漸對自己的判斷產生懷疑，並且在實驗過程感受到壓力。

朋友的評價不一定可靠，旁人眾口鑠金的壓力又很難屈服。在這樣的現實下，要怎樣活，才能真的多活出一點點自我？我年少的時候發展出一個生日的「豐年祭」，給了我非常大的幫助。

自信，因為看得見自己的成長與收穫

爸媽從來沒有給我們三個孩子慶生，大概是因為他們的父母也不時興這一套。所以，生日一向只不過是三百六十五天中的一天，常常不知不覺就過去了。

高一那年，我讀了一位名作家的好幾本書，發現他四十二歲時寫的文章跟二十四歲時沒太大差別，情感和思想上的深度、廣度簡直一成不變，只有話題一直在變。我不禁自問：「假如我像他那樣活過二十個年頭，豈不是跟沒有在活一樣？」這個問題真的把我給嚇壞了。

那一年的生日，我很怕自己只是在重複前一年的生活，而毫無成長，就很認真的問自己：「過去這一年，我到底得到些什麼？」

我很緊張的面對這個問題，一點都不敢輕忽。於是一個人在夜裡騎著腳踏車到聽不見人聲的頭前溪邊，坐在草地上靜心回憶過去一年發生在心裡的事情。我認真盤點著自己在思想上是否有深度或廣度的進展，在閱讀詩詞和文學作品時情感上有沒有新的體驗，面對大自然的時候有沒有比較敏銳的感受能力。一個晚上就這樣過去了，我的心變得很踏實、篤定，因為可以清楚看見自己一年來的進步，也從此愛上這個生日的「豐年祭」。

過了兩、三年後，又進一步發現：我每一年的突破，都是在前一年就已經開始能模糊感受或吃力思索的領域。於是，我在生日儀式裡加了一個項目，每年盤點完自己的成長後，接著盤點過去這一年開始冒出頭來的情感能力和思考能力，然後按照它們的發展程度排出次序，以期許自己來年的進步。

這個儀式陪伴著我走過最容易惶恐、困惑的青少年期。我在每一年的回顧裡看見自己的成長與收穫，因此完全不需要跟別人比，就知道自己得到了什麼，以及這樣的一年值不值得。此外，由於每一年都清楚看到自己來年可以期待什麼樣的成長與突破，所以生活上更積極，也更有方向感。

後來，我養成寫札記的習慣，每天記錄下自己的感受和思想，並且設法在寫札記時進一步加以延伸、深化。有了這樣的寫作習慣後，自己一年內到底得到什麼，又更加清楚、確鑿，絲毫不容懷疑了。

碩士畢業之後，我為了從文學、藝術和哲學的線索去回答自己的人生困惑，而抗拒出國念博士，留在系裡當了五年講師。那段時間在系上的地位比所有老師都低一等，年少氣盛的學生更是擺明了看不起講師，有一位甚至背對著我上了一個學期的課。在這樣的環境與氣氛下，看著同學紛紛出國與整裝回國，看著學長一個個拿到博士學位當上副教授，我也曾經有很想念博士的誘惑。

但是，我對自己的信心從不曾動搖。因為，我的札記上記滿了每一年的成長，我的生日願景每一年都圓滿達成，甚至超過我的期待。我知道，雖然外表上什麼都看不出來，但是我得到的成長確實非常多，也就沒什麼好後悔或遺憾的了。

19

悅納自己與逃避自我

★我也許不比別人更出色，至少我跟別人是不一樣的。

——盧騷（Jean-Jacques Rousseau，1712-1778）

★一個三十歲的人對自己應該要瞭如指掌，深知自己所有的缺點與稟賦，知道自己的能耐，有能力預測自己何時會失敗。做自己，並且接受屬於自己的一切事實。

——卡繆

每個人都有長處，也有短處，但是很多人卻無法坦然接納自己天生的短處，因而讓人生增加許多沒必要的糾結與煩惱。此外，人生的際遇超乎人的要與不要，一旦發生了，只能接納，一味抗拒反而平添沒必要的痛苦。

「悅納自己」不是縱容自己的好惡，而是勇於接受自己的稟賦，以及已經發生在自己身上的事實，並且在這個基礎上去開創出屬於自己最好的可能性。「只要是已經發生的事，一概接受，絕不抗拒。」很多人都不容易接受這個態度，有些人甚至覺得很「消極」。其實，天底下很難有比這更積極的態度了。

試想，已經發生的事你還能讓它不發生嗎？與其浪費時間和精力去抗拒、沮喪、懊惱、後悔，不如把精力花在謀思「在這事實的基礎上如何往前走，才可以將災害降到最低，或者最快找到人生新的可能」。抗拒不但浪費時間，其實還增加痛苦；意料之外的不幸確實折磨人，何苦再用自己的想不開去延長痛苦？

接納自己，有時候是最偉大的成就

大部分的人只想要贏過別人而不願意不如人，因此一旦失去身體某部分的重要功能，第一個念頭就是想死——因為，你曾有過的夢想全都不再可能，所有原先認為有意義的事情也都不再可能，而你能做的都是一些從前不屑去做的事情。因此，人生最大的困難，大概就是接受突然殘缺的自己，然後為自己重新尋找值得活下去的理由和目標——很弔詭的，這也往往是常人做不到的偉大成就。

朱芯儀是國內首位通過高考的重度視障諮商心理師，她一眼全盲，一眼只剩光覺而看不到形象，而且右耳失聰，右側肢體有活動障礙，無法做精細動作。她不是天生如此，國二的時候她曾獲得全國科學展生物組第一名，是學校樂隊指揮，並且擅長舞蹈、游泳、賽跑、跳高及跳遠。國三時診斷出腦瘤，後續的手術、復發、再手術，使她失去了視覺、一半的聽覺和肢體的自由活動能力。

這些對原本念貴族學校，被父母視為掌上明珠的她而言，等於失去人生所有的希望。她質問自己：「你還算是人嗎？連一枝筆掉在地上，你都撿不到，你還活著做什麼？」於是，她恨命運、恨父母、恨其他身體健康的人，更恨殘缺的自己；她用美工刀割腕，爬上頂樓想要往下跳，她認真想過要結束這不值得活的生命。

但是，為了不忍心讓愛她的媽媽更加痛苦，她不敢自殺；她只想躲進啟明學校，躲進盲人的世界，遠離所有健康的人，苟且活著。後來，因為爸爸的堅持和天母啟明學校輔導主任的鼓舞，她懷著自暴自棄的心情進入視障重點學校松山高中。因為無法接納自己，她也變得很難跟同學相處。

漸漸的，在父母的開導和關愛下，她開始學習接納自己，並開始體認到：「殘缺也是一種特質，很自然的帶在我身上，成為我的金字招牌；我根本不用覺得自卑或見不得人，因為自卑或見不得人都是自己想像出來的。」

學會坦然接納自己，同學也開始比較敢跟她互動、接近她。走過坎坷與絕望的她，變得比任何人都能察覺別人情緒的變化，並且即時主動關懷，因而逐漸成為同學們的好朋友，有些同學還會把自己喜歡的書錄音下來跟她分享。

這段接納自己的過程當然一點都不順理成章，時進時退，時斷時續，時而沮喪崩潰時而峰迴路轉，直到很久之後才漸入坦途。此外，她也從需要輔導老師協助的學生，轉變成輔導老師的助手。

後來，學校請她在特教宣導的課程中，分享自己走出黑暗期的心路歷程，有些學校也知道了她的故事，邀請她去分享。她在準備講稿的過程中一再釐清自己的心情和理念，因而越來越清楚自己活下去的理由；她也在聽眾的掌聲中感受到自己獨特的角色和力量：「我想要傳達的是，每個人都有從挫折中站起來的能力，我希望大家能帶著自己的信心離開會場。」

後來，她以全班第一名從高中畢業，獲頒市長獎。

畢業後，她想讀台灣師範大學心理輔導，甄試時卻以幾分的落差考上第二志願特殊教育系。但是她已經學會在逆境中尋找向上的支撐點，所以她沒有氣餒，決定主修特殊教育學系，輔修教育心理與輔導學系。四年後，她再度以第一名的成績從大學畢業，順利進入夢寐以求的心理與輔導學系碩士班，兩年後她的論文還獲得輔導與諮商學會的「優秀博碩士論文獎」，同時高考及格成為諮商心理師。

有人問她，她的人生經驗有限，怎麼能輔導別人？她說，每個人都有自己的資源和能量，只是暫時被包住了。她通過談話引導案主轉移注意力的焦點，不再只是看到自己生命裡負面的力量，而開始看見裡頭也有正面的力量，然後再透過諮商的技術，引導他們去發揮正面的力量，擴大正面的力量，逐漸讓生命裡的黑暗部分變成灰色的或彩色的。

作為諮商師，朱芯儀最大的資源與優勢是什麼？就是她的不幸遭遇，和她走過谷底的心路歷程。

天生的稟賦，毋須自傲與自慚

一個人不該為自己天生的優異稟賦而驕傲，也不需要為天生的缺點或短絀而自慚，因為它是你繼承而來的，你不該居功，也毋須自責。

一個人如果從父母那裡繼承了可觀的財富與權位，你可能會羨慕他，但是你不該敬重他，因為那不是他靠自己努力掙來的，跟他的實質內涵無關，也就沒理由拿來作為評價他的因素。

那麼，如果一個人的身高特別高、長得特別帥，或者聰穎過人，你需要因此看得起他嗎？或者如果一個人的身高特別矮、長相平庸，或者資質不如人，你可以因此而看不起他嗎？

羨慕人是一回事，評價一個人是另外一回事，我們不能把兩件事混在一起。你不需要因為出身低微而自卑，所以也就不需要因為資質不如人而自卑，因為資質過人不是你的功勞，資質不如人也不是你的錯。衡量一個人時，不能只看他外在的成就，而是要把成就扣掉運氣和稟賦，用他的努力所成就的來衡量。因此，重要的不是你的稟賦，而是看你有沒有能力善待自己的稟賦，好好將它發揮到極限；重要的是想辦法發揮所長，而不要浪費心力去抗拒無法改變的短處，或者羨慕別人的長處。

鸕鶿、鶚科的魚鷹和鵜鶘有各自的捕魚方法，誰也不羨慕誰。鸕鶿會潛水捕魚，魚鷹不會潛水，但是眼光銳利而動作迅猛，可以在空中看見鄰近水面的魚，迅速撲下後用利爪將魚捕獲。鵜鶘不會潛水，也沒有利爪和銳利的眼光，就成群結隊把魚群趕到淺水區，然後用寬大而尖長的嘴將魚跟水一起撈進巨大的嘴袋裡，就像是在用漁網撈魚。

天生萬物各有短長，如果鸕鶿、魚鷹和鵜鶘各自羨慕別人的特長，而不去發揮自己的所長，是不是很荒唐？但是，人類卻往往想不開，高大的人羨慕別人的聰明，聰明的人因為身材矮小而自卑，而不是把心思花在如何發揮一己之長。

美國總統柯林頓的第一任勞工部長羅伯特・萊許（Robert Reich，一九四六—）也是身高不足一百五十公分的矮子，演講時要站在自備的板凳上才能讓聽眾看見演講桌後面的他。他小時候因為身高而常遭同學霸凌，還好有一位高大的朋友經常出面保護他。後來這位朋友過世，他對自己許下心願：「從此以後該由我來保護比我更弱小的人了。」矮個子能用什麼保護弱小？用他的智慧。

他歷任哈佛大學與加州大學柏克萊分校的講座教授，專門研究美國的貧富不均和解決辦法；他在勞工部長任內積極立法改善勞工與弱勢的權益，還因而被《時代》（*Time*）雜誌選為「二十世紀美國最傑出的十位閣員」第九名。

即使沒有過人的學歷或特長，只要有心，就可以活出人生的價值。小學畢業的陳樹菊，靠著賣菜的收入和省吃儉用，可以捐出上千萬的善款，救助比她更窮的人。因此，與其盯著自己天生無法改變的短處而痛苦，不如把心思用來發揮自己的能力與長處。

那美好的仗我已經打過了

人生最要緊的事，不是成就，而是盡己；不是成果，而是永不屈服的鬥志。這樣的精神是希臘悲劇和卡謬小說的主軸，也在海明威（Ernest Hemingway，一八九九—一九六一）的中篇小說《老人與海》裡發揮得淋漓盡致。

故事裡的主人翁是個老漁夫，他因為運氣太差而連續八十四天不曾有任何魚獲，以致他的年輕助手被家長禁止跟他出航。第八十五天的時候，他單獨出海航向遠方，希望能終止連續八十四天的厄運。中午左右，他釣到一條五公尺半的馬林魚，卻無法靠自己一個人的力量把魚拉上船，只好跟這條魚搏鬥了兩天兩夜，因而精疲力竭，且又飢又渴，但是他沒有放棄。到了第三天，他終於克服不太清醒的神智，用盡全身力氣把魚拉到船邊，用魚叉刺死牠，而獲得最後的勝利。

很不幸，回程途中，這條巨大的馬林魚卻招惹來一大群鯊魚，老漁夫用魚叉重傷其中一條，卻被牠帶走了魚叉；他將利刃綁在槳上當武器，繼續跟鯊魚群搏鬥，直到滿手血跡。當夜幕落下時，他殺死了許多鯊魚，手上只剩半截的槳，馬林魚也已經被吃到只剩魚頭、魚尾和魚骨，但他仍舊堅持說：「一個人並不是生來要給打敗的，你可以消滅他，但無法打敗他。」

他在第四天早上回到港口之後，立即倒在床上呼呼大睡。夢中他又回到年輕時的非洲，看見在海灘上悠閒踱步的獅群。

諾貝爾獎委員會在頒獎致辭裡，特別讚揚這部小說所表現的精神：「它從動人的新視野向我們展現人類的尊嚴，它宣揚人類的奮鬥精神，即使已經失去一切物質上的戰利品，他仍不放棄；即使被打敗了，仍舊獲得了道德上的勝利。」

人生最重要的收穫，不是任何外在的成果，而是那一股奮鬥不懈，堅持到底的精神。因為類似的理由，許多基督徒都被使徒保羅說的一句話深深感動：

那美好的仗我已經打過了，當跑的路我已經跑盡了，所信的道我已經守住了。（提摩太後書第四章第七節）

20

人生更美好的可能

★ 一張沒有烏托邦的世界地圖根本不值得一顧，因為它遺漏了一個人性必然登臨的國土。當人性登陸時，它極目遠望，看到一片更好的樂土，立即毫不留戀重新啟帆遠航。烏托邦的實現就叫做進步。

——王爾德（Oscar Wilde，1854-1900）

★別擔心把你的城堡建立在天空裡，它本來就應該在那裡。現在，在它底下建立起扎實穩固的基礎。

——梭羅

人活著，不能完全不顧食衣住行、不得不跟現實妥協；但是人活著，也不能連最後的一點理想都放棄。我們到底該花多少心力去照顧現實？我們到底該保留多少心力去追求理想？這才是人一生中最關鍵的拿捏與抉擇。

該花多少心力去照顧現實？《聖嚴法師一〇八自在語》第一集說：「需要的不多，想要的太多。」所以，我們可以把「需要」當作妥協的底線：每個人都應該想辦法養活自己和家人，並且確保全家毋須憂慮衣食，然後把剩餘的心力盡量用來追求理想。

那麼，一個人的生活需求有多少？佛教戒律規定出家人只能擁有「三衣一缽」，以及錫杖、繩床、水瓶、濾水囊、坐具、手巾、刀子、火燧、鑷子等，統稱「頭陀十八物」的生活必需品；基督教的修士與修女也是除了身上穿的衣服之外毫無私人財產或私有物品。你需要的身外之物愈少，心靈就愈自由、愈少煩惱、愈感受不到現實的壓力，而可以有愈多的精力和時間追求智慧和理想，過更有意義、更有價值的人生。

捨掉煩惱，得到性靈

人的基本需要若不被滿足，就會痛苦；但是，不需要的東西卻偏偏想要，也會煩惱和痛苦。適度滿足真實的需要，並且擺脫沒必要的欲望，以便去掉煩惱，換來心靈的自由與滿足，活出人類真正的尊嚴與價值，這就是智慧。否則，無止盡追求欲望的滿足，反而會變成欲望的奴隸，永世不得翻身。

莊子說：「吾生也有涯，而知也無涯。以有涯隨無涯，殆已！」意思是說：人生有限而知識無限，想要用有限的人生去追逐無止盡的知識，根本就不可能。其實人生與欲望的關係又何嘗不是如此？人生有限而欲望無限，想要用有限的人生去追逐無止盡的欲望，不僅是不可能，甚至是愚不可及。

所以孔子、老莊、佛教、基督宗教都勸人節欲安貧，以便追求智慧、德行和心靈的愉悅、平靜。古希臘七賢之一的索倫（Solon of Athens，西元前六三八－五五八）也曾經講過：「惡人常富有，而賢人常貧窮。但我們不會用美德跟他們換財富，因為美德常駐，而財富卻每天都在更換它的主人。」

美國的亨利．梭羅說得最直白：唯有獨立於身外之物的役使，人才能享受到生命最美好的滋味。在他眼中，美國人為了積聚一輩子用不著的財富而無休止的工作，簡直有如自己的黑奴，甚至牛馬不如，因而失去了屬於人類最高貴、最神聖的所有特質。

美國是篤信新教的國家，教堂裡做禮拜時總要提醒人們：神用祂的形象造人，然後在他身體裡吹了一口氣，讓他分享了神的聖靈；並且鼓勵信徒要追求跟靈性有關的富足，不要累積俗世的財寶，更不需要為用不著的衣食煩憂。

為了證明人可以活得多麼簡單，梭羅帶著簡單的工具和種子到罕有人跡的華爾騰湖畔去獨居了兩年又兩個月，他住在自己蓋的小木屋裡，自耕自給自食，偶爾需要現金或想到酒店喝酒時，他就為鄰居做零工來換現金。

他說：

我到森林去，因為我希望清醒的過活，只去面對生命中不可或缺的事實，看我是否能夠從它學到智慧，而不要在臨死的時候才發現我根本不曾活過。我不要任何跟生命無關的東西，活著是太珍貴的事。除非絕對必要，我絕不輕易放棄。我要活在最深刻的生命裡，並且盡情吸吮人生的精髓。

結果，除了買木料和鐵釘來蓋房屋而花掉二十八美元又十二分（現值不到台幣兩萬六千元）之外，他沒有多花一毛錢。但是他卻換到自由和無數的閒暇，因此他說：

我們應該改變事物的順序：第七天應該是人類勞動的日子，在這一天以額上的汗水賺取生活所需：其餘六天則作為感性和靈性的安息日，漫遊在廣袤的花園裡，啜飲大自然溫柔的感化和崇高的啟示。

其實，即使被盛傳為「享樂主義之父」的伊比鳩魯（Epicurus，西元前三四一—二七〇）都有類似主張，他曾明確說過：

肚子並不像大眾所想像的那樣難以滿足。

一切自然的，都是容易獲得的；一切難以獲得的，都是空虛無價值的（不自然的）。

一個把自己調整到能滿足於簡單生活所需的賢人，能夠更明白如何給予而不是索取。

能清楚分辨各種欲望的人，將會把身體的健康和心靈的寧靜當作一切選擇和規避的最高指導原則，並將這兩者視為幸福人生的總和以及最終目標。

人生的另一種可能性

大陸的中產階級興起，最富有的人豪宅價值數千萬，開進口轎車，送孩子上私立的雙語學校。一個外籍記者去採訪，問他們的志願，有人想當醫師，有人想當工程師，有人想當企業家；問他們以後想開什麼車，每個人都想開進口的頂級敞篷跑車。表面上每個孩子的志願都不一樣，骨子卻都只有一種選擇：比別人更有錢。

除了錢之外，人生難道沒有其他的選擇？

塞尚花了一輩子想要畫出大自然的神秘、神聖與莊嚴，以及人類內心所感受到的尊嚴；林布蘭（Rembrandt van Rijn，一六〇六—一六六九）終生通過繪畫探索人跟宗教的關係，想要在宗教已經式微的十七世紀看見人的靈性與價值；貝多芬忍受耳聾的痛苦，只為了把他心裡那些偉大的情感譜為音符。人活著，可以是為了探索人心深處更崇高的情感與理想。

人活著，可以是為了緩解別人的痛苦，和人間的不平。史懷哲醫師（Albert Schweitzer，一八七五—一九六五）就做了截然不同的選擇。他在二十歲以前跟很多傑出的德國青年一樣，熱愛真理和學問，充滿熱情，白日埋首學問，夜間忙於跳舞和追求美麗的少女。不過，在二十歲生日的早晨，他在清澈的晨光中，心中升起一個清晰而篤定的念頭：他要在三十歲以前為自己而活，然後把三十歲以後的人生獻給最需要他幫助的人。

接著，他在大學裡滿懷熱情的學習摯愛的哲學、神學、管風琴演奏、對位法，以及管風琴維修，先後取得神學與哲學的學位，並在二十四歲那年完成博士論文。二十五歲，他開始擔任牧師，次年成為母校神學院的院長。三十歲，他到醫學院詢問入學註冊的事，教授告訴他：三十歲才開始學醫太晚了，會很辛苦。他毫不猶豫辭去神學院院長的職務，註冊為醫學院大一新生。

三十六歲，他獲得醫學院的學位，次年就帶著太太和年幼的兒子一起深入非洲，在物資補給所能到達最遙遠的地方，一磚一瓦建立起醫院，服務當地土著。

甘地（Mohandas Gandhi，一八六九－一九四八）的父親是土邦的首相，他十九歲到英國倫敦大學讀法律，畢業後不久取得大英帝國的律師資格，回到孟買當律師。二十四歲那年，他被一家印度公司派到南非工作。因為不能忍受南非政府針對印度人的法律和種族歧視，他開始參加抗議和遊說，並且在這過程中發展出公民不服從，以及非暴力抵抗的概念和技術。四十六歲，他從南非回到印度，很快變成印度獨立運動的領袖，直到印度獨立為止。

在他人生最後一年，為了阻止印度教徒和回教徒彼此的仇恨與殺戮，他以七十八歲高齡兩度絕食，並且對外發表聲明：「各個教派，全體印度人必須以人道主義取代野蠻行徑，必須使自己成為名副其實的印度人，如果你們做不到，我也毋須繼續活在塵世。」

他絕食至瀕死邊緣，奇蹟般的，所有教派宣布放棄仇恨，發誓要制止印度各教派之間的暴力。

人生不是只有一種樣貌。梭羅說：

人們讚揚並公認為成功的人生，只不過是各種人生選擇中的一種。為什麼我們一定要誇大這一種人生價值，而低估其他人生的價值？為什麼我們要如此急迫的追逐成功，甚至不顧一切代價的鑽營？如果一個人沒有跟隨他同伴的步伐，也許是因為他聽到不一樣的鼓聲。

人生，就是要花費在最可貴的事物上

一個人所擁有的一切之中，生命是最珍貴的，你不會為了全世界的財富而捨棄自己的生命。但是，非常奇怪，絕大多數人卻把一生所有的精力用來換取有限的財富，甚至是用它來換取這輩子用不到的財富，因而在這過程中耗費掉自己全部的人生。這豈不是等於為了用不著的財富而犧牲了一生？難道人生沒有更值得追求的目標？沒有更值得我們用一輩子去換取的人生經驗？

許多藝術家、文學家、哲人和出世的修道人都用心告訴我們，心靈的喜悅比金錢、權力和名氣更可貴，更值得用一生去追求。為什麼大家卻不願意追隨藝術家、文學家、哲人和出世的修道人？因為金錢、權力與名氣的好處，靠本能就能知道、體會，心靈的喜悅和滿足卻是必須學習過後才能感受、體會。

這就像小孩子都喜歡吃夜市和麥當勞那種重口味的食物，而不喜歡淡雅的日式料理或細緻的法式料理，因為他們還不懂得分辨食材的鮮甜和醬料的口感。

人生也是一樣，心靈的喜悅和滿足需要有人文涵養才能體會，沒有培養出這些能力的人，就只能在現實世界裡追逐低俗的品味。

教育的目標原本是引導我們去體會人類各種精神遺產，讓我們有能力在文學、藝術、哲學和宗教裡，享受到超乎現實世界的心靈喜悅和滿足。可惜的是，很多人太過急切追逐現實世界的成功，因而還沒有敞開心懷去接觸文學、藝術、哲學和宗教，就已經認定他們沒有現實上的價值，便把它們捨棄了——或者更正確的說，是把自己的機會放棄了。

教育就是為了給自己機會，讓自己在校園裡嘗試各種理想，探索過去兩、三千年來人類累積的智慧，以及各種珍貴的精神遺產，以便在其中找到最值得我們用一生去追求、體驗的心靈境界。假如進了大學卻只學到賺錢的技能，而沒有打開自己人生的視野，發現最值得終生追求的人生目標，絕對是「探驪遺珠，盡得鱗爪」。

所以，面對生涯發展與人生的各種抉擇，最重要的問題是：你要不要給自己嘗試另一種人生的機會？

結語

教育失能與自力救濟

★愛一個人，就是按照上帝造他的樣子接納他。

——杜思妥也夫斯基

寫這本書時，我心裡一直記掛著一群國、高中的孩子：他們成績不出色，但是熱情、善良、開朗、有責任感、喜歡幫助別人，有些人甚至擅長跟人互動，對別人的情緒與需要很敏感——就像薰衣草森林的創辦人，或者本書裡提到的星巴克女孩；甚至還有些人可能會是未來的孫大偉或小野。

當七成的人都要到服務業去工作時，他們是服務業傑出的第一線員工和基層領導人，甚至可能是服務業創新需要的人才。

但是，在既有的教育體制下，他們的稟賦很難獲得啟發和栽培；在既有升學制度和學習評量制度下，他們每個學期要在成績單上被否定三次，到大學畢業前要被否定九十六次！

每次想到這裡，我都會很不忍心。他們不是沒有用的人，他們甚至可能是未來服務業不可多得的人才，但是卻要在大學畢業前忍受這樣的摧殘，自信心焉能不被擊潰？甚至連自尊心都被踐踏無數次。

壓抑創造力的教育

哈佛大學管理學院在一九九八年出版《體驗經濟時代》一書，指出全球正在邁向體驗經濟（experience economy）的時代，不論是製造業或服務業，創新的重點是提供消費者全新體驗與感受，只重視技術與勞力的產業都將變成「傳統產業」，因為供應過剩與激烈競爭，導致利潤與附加價值同時下降。

在體驗經濟的時代，制勝的關鍵是在現有的技術上，創造令人驚豔的全新體驗與感受，讓看見或聽見的人都忍不住大叫：「哇！我也要！」這種創新能力的基礎，正是被現行教育體制忽略與壓抑的能力：「知道別人的感受」、「看見別人的需要」、「聽見別人心聲」的同理心，天馬行空的想像力和美感。

教育制度的僵硬，變成今天高科技產業的困境。當宏達電的手機廣告還在講硬體規格的時候，三星的廣告已經在推銷令人驚豔的使用者經驗。譬如，一個美國女孩上了計程車，使用手機即時翻譯的功能，以韓語向司機播放出她要去的地點；到了韓國家庭，享受一頓豐盛的晚宴後，再用手機即時翻譯的功能，播出她對掌廚奶奶的誇獎和感謝。

另外一個三星的廣告裡，在國外出差的爸爸，用手機自拍後，利用手機的影像編輯功能，在相片上畫了一頂生日聚會的帽子，寄給正在慶生的兒子，以彌補不在現場的缺憾。

從宏達電和三星的廣告就可以看出來，台灣IT產業輸最多的不是技術面，而是對使用者經驗欠缺想像力與創新的能力，不懂得使用者的心。台灣的各種IT產品廣告經常讓人看得一頭霧水，而不是忍不住喊出「哇！我也要！」但是，在體驗經濟的時代裡，如果抓不住使用者的心，技術發展就會失去重點——技術只不過是手段而已，「哇！我也要！」的使用者經驗才是目的。

台灣IT產業的廣告之所以乏味、無趣，反應的是產業界技術掛帥的文化有多嚴重，以及理工科系畢業生對美感與人們的感受有多麼冷感。而台灣的服務業產值嚴重偏低，關鍵原因跟IT產業非常相像：不懂得善用高EQ和高CQ的人才來創造令人驚豔的消費體驗，仍舊拘泥在低產值的勞力和技術服務。

產業界的弊病，反應的正是教育體制的僵化：我們的教育制度跟不上社會的變化，與現實嚴重脫節，沒有積極培養服務業與體驗經濟所需要的能力，甚至還用製造業時代狹隘、僵硬的成績評量制度，否定未來社會需要的人才。

殘酷而脫離現實的體制

我們常常形容人：聰明、精明、幹練、富同理心、領導力強、創意十足等等，不同的形容詞代表不同的人才。成熟的社會當中，市場多元化，每種人才都有展現天分的機會。但是學校並沒有讓孩子充分了解到這個事實，甚至連家長和老師也都嚴重的無知於這樣的事實。

因此，在離開學校之前，每個學生只會知道自己的成績表現，而不知道自己還有哪些其他能力。同樣的，家長們往往也只敢用成績去評量學生，不知道除此之外還可以怎樣推測孩子的未來。因此，只要一個孩子的天分跟成績無關，幾乎就註定像幼時的孫大偉和小野，被認為沒有出息。

我在演講中常問聽眾一個問題：「假如老闆要你從明天起工作量增加一倍，但是同時答應要給你帶兩個剛從學校畢業的新人當助手。你會選擇台大畢業的？

還是淡大畢業的？」絕大多數人都會說：我要跟他們談過才會知道。

假如換個方式再問他：「那麼你會希望這兩個新手具有哪些條件？」他們的回答幾乎都不會提到畢業學校，而會直接去描述一些與成績無關的特質和能力：具有某些專業領域的基本知識、好學、好教（不一定要學得快，勤能補拙也可以）、不怕挫折與吃苦、懂得變通、樂於跟人溝通與合作、誠實、不會找藉口、不會忌妒同事與爭功諉過。仔細分析，你會發現職場要的條件多半跟人格特質有關，而學校的專業知識或技能只要達到「及格」就夠了。

這些道理，每位父母、師長都懂。但是，為什麼很多師長和父母都把成績看得那麼重要？為什麼很多老師和家長都偏愛成績好的小孩，而漠視、看扁成績不好的小孩？因為在孩子畢業之前，只有成績是所有人都看得到的，因此緊張的家長就會硬把孩子的成績當作他未來成就的指標，一旦有任何一次重要考試失利，就恐慌到有如天要塌下來了。

其實，傳統的智力測驗和學校教育都太偏向製造業所需要的分析能力，而無法有效檢測出其他服務業和創新所需要的能力：詩與散文的創作能力、用語言感動人的演講能力、空間造型的創造力、在都市叢林和荒野中辨識方向的空間感、突破傳統的創新性思考，以及打破傳統邏輯的發明能力；也無法檢測職場裡非常重要的領導能力、對市場的遠見、在各種談判場合洞察人心的能力等。

不幸的是，對於那些無法在成績上表現出稟賦的人而言，我們的社會是很殘酷的。試想，這些孩子從進小學到大學畢業為止，有整整十六個年頭要被人用成績硬分等級，並且從老師、家長和同儕的言語、神情、態度裡一再被當作「素質太差」、「沒出息」這樣糟蹋。經歷這樣的屈辱之後，還有幾個孩子能保得住自尊心和志氣？

我常想，句踐在吳國受辱也不過兩年，如果當年要他持續忍辱十六年而看不到復國的機會，恐怕早就變成了廢人。蘇武牧羊號稱堅忍十九年，身邊的部屬早已撐不下去，紛紛投降，只剩九個人隨著蘇武回國。更何況這些只不過是六到二十二歲的孩子？

創意、友善而多元的學習環境

家長和老師也許很難改變課程，但不是完全幫不上忙。有心的老師和家長，至少可以為孩子營造一個多元而友善的學習環境。

如果老師願意積極引導所有學生去了解職場所需人才的多元性，就有可能改變學生只看成績而看不見其他能力、稟賦、特質的習慣，也培養他們對多元人才肯定與尊重。如果家長、老師和學生可以看見職場與人才的多元性，並且適切的鼓勵、肯定學生的多元能力，就可以為孩子們營造一個比較友善而多元的學習環境，讓各種人都知道自己並非一無是處，不需要因為現行成績評量制度的不合理而放棄自己。

有心的家長和老師們甚至還可以多做一點，協助孩子們發展未來服務業與體驗經濟所需要的能力。

老師可以利用輔導課、生涯探索課、班會和其他上課或下課時間，告訴學生職場的多樣性；老師和有心的家長可以一起動員班上家長的共同資源，每位家長講一種職場所需要的能力與人格特質。老師還可以和家長聯合起來，利用上課與下課時間、週末和寒暑假，設計各種戲劇表演和職場觀察體驗的小組活動，引導學生去觀察服務業裡消費者和服務者的角色扮演，去揣摩、體會各種消費者的需要與感受，以及如何創造溫馨、貼心，甚至驚豔的消費者體驗。

如果孩子們可以有這樣多元的學習活動，成績之外的能力和稟賦就會被同學們看見，另類的人才也可以提前在學生時代就知道自己的舞台在哪裡。

我們真的不要讓未來社會所需要的人才過著蒼白、慘淡的青春期，就算教育官員和學者們繼續跟現實社會嚴重脫節，只要有家長或老師的鼓勵和支持，孩子們就有機會超越落伍的社會成見，自信的擁抱青春，發展自己的稟賦。

彭明輝作品集

人生如果是一個（　），你想填入什麼？

2014年12月初版　　定價：新臺幣280元
2019年2月初版第五刷

著者	彭明輝
叢書主編	林芳瑜
特約編輯	倪汝枋
封面設計	顏伯駿
內文排版	菩薩蠻

出版者	聯經出版事業股份有限公司
地址	新北市汐止區大同路一段369號1樓
編輯部地址	新北市汐止區大同路一段369號1樓
叢書主編電話	(02)86925588轉5318
台北聯經書房	台北市新生南路三段94號
電話	(02)23620308
台中分公司	台中市北區崇德路一段198號
暨門市電話	(04)22312023
郵政劃撥帳戶第	0100559-3號
郵撥電話	(02)23620308
印刷者	文聯彩色製版印刷有限公司
總經銷	聯合發行股份有限公司
發行所	新北市新店區寶橋路235巷6弄6號2F
電話	(02)29178022

總編輯	胡金倫
總經理	陳芝宇
社長	羅國俊
發行人	林載爵

行政院新聞局出版事業登記證局版臺業字第0130號

本書如有缺頁，破損，倒裝請寄回台北聯經書房更換。　ISBN 978-957-08-4503-7 (平裝)
聯經網址 http://www.linkingbooks.com.tw
電子信箱 e-mail:linking@udngroup.com

國家圖書館出版品預行編目資料

人生如果是一個（　），你想填入什麼？
/彭明輝著．初版．新北市．聯經．2015年1月（民103年）．232面．14.8×21公分（彭明輝作品集）
ISBN　978-957-08-4503-7（平裝）
[2019年2月初版第五刷]

1.自我實現　2.生涯規劃　3.成功法

177.2　　103025424